チベットの主張

チベットが中国の一部という歴史的根拠はない

編・著　チベット亡命政権
日本語訳　亀田 浩史
日本語版監修　ダライ・ラマ法王日本代表部事務所

集広舎

チベットの明るい未来のために

　チベット人がチベット人らしく生きることのできる国際社会を担保することは、私たち日本人だけでなく、全ての民族、全ての人々にとって最重要の課題だ。いま、チベット問題の重要性が非常に高まっている。14世ダライ・ラマ法王がインドに亡命されて60余年、中国共産党の支配と弾圧がその苛酷さを増しているからだ。

　中国共産党政権は南モンゴルにおいてモンゴル人の言語や暮らし方を中国風に改めさせ、強烈な同化政策を進めた。その結果、約500万人のモンゴル人の半分がすでにモンゴル語を解せず、牧畜に従事してきた人々の８割が農業に転換、遊牧民族としての生き方、アイデンティティーは「風前の灯火」である。

　１００万人とも２００万人とも見られる新疆自治区のウイグル人が収容所で再教育を受けている。米国議会の膨大な報告書は、モンゴル人に対する同様の苛酷な同化政策がウイグル人にも行われていることを示している。

　そうした中、チベット人は大きな危機の前に立たされている。如何にしてチベット仏教を守り続けるか、重要な試練が眼前に突きつけられている。習近平国家主席は中華人民共和国創立百周年までに偉大なる中華民族を復興すると唱える。氏の遠大な国家戦略によると、中華民族は最終的に「世界の諸民族の中にそびえ立つ」のである。

そのとき中国共産党は各民族固有の文化も宗教も尊重するという。しかし、それは中国化するという条件つきだ。中国化したチベット仏教は一体どんなものになるのか。現在チベット仏教の寺院、僧や尼僧が陥っている運命を見れば明らかだ。中国共産党はチベット仏教をそのまま受容することはないということだ。

　米中貿易戦争と中国湖北省武漢市で発生した新型コロナウイルス問題を機に国際社会は二つの世界に深く分断されつつある。経済効率と安さを追求して中国に依存してきた経済、産業構造を改め、自由主義陣営は中国離れを加速させる。日本も米国も欧州も中華の価値観に距離を置きつつある。14億に余る民を擁する中国共産党政府は紛れもなく孤立への道を歩んでいる。中国の後に続く国はいない。中国の軍事力と恫喝を恐れ、中国の経済力に搦め取られる国々はあっても、中国に心から親愛の情を抱き、中国の謳う「人類運命共同体」の輪に加わりたいと願う国はない。人間を幸せにしない中国共産党に永遠なる未来はないのである。人間も民族も幸せにしない中国共産党支配にはいつの時点か、必ず終わりが来る。

　その時に、チベット人がチベット人の心を持って生き残っていれば、チベットは存続し続けるだろう。チベット人の生き方を支えるチベット仏教と、チベッ

ト人の心を表現するチベット語、チベット人社会に幾十世代もの間伝えられてきたチベット人の暮らし方の基本を守り通すことができれば、チベットはどんな状況に陥っても必ず蘇る。チベット人がチベット人であり続けるための学びと闘いは、14世ダライ・ラマ法王以下ロブサン・センゲ首相を先頭に推進され、今日に至る。これからもチベット人の闘いは続いていくだろう。

　チベットの友人たちがその闘いの美しい果実を次の世代に確実に手渡していけるように心から願うものだ。チベットの明るい未来のために最大限助力することは、アジアの自由世界を主導する日本国と日本人の責任である。日本はすでに世界最大規模の議員連盟を構築し、チベットを支援してきた。だがチベットにはこれまで以上の助力が必要だ。わが国が機敏に対応できるように、民間人の立場からの働きかけを継続したい。

　ダライ・ラマ法王が健康でいらっしゃるよう、センゲ首相以下チベット亡命政権の活躍と、チベットのすべての人々の幸福を願いつつ。

令和二年五月八日

櫻井 よしこ

チベットの主張

チベットが中国の一部という歴史的根拠はない

チベット亡命政権 編 ／ 亀田浩史 訳

目次

はじめに

　チベット人にとって、情報は貴重です。厳しい情報統制が敷かれ、数多の誤った情報が広まってしまうと、事実・真実が無価値な物になってしまう危険があります。今まさにこの危険な状況下にあるのが、チベットなのです。

　本書の出版の段階で、中国政府によるチベット支配の開始から60年近くがたっています。中国はチベットを経済的に発展させようとしてきた一面があります。しかし、同時に、情報の流れに対する取り締まりは強まるばかりです。中国政府は情報統制によって生じた不都合なギャップを埋めようと、中国政府なりの「事実」をつくってきました。中国が経済的・軍事的な強さを増すにつれ、中国政府がつくりだした「事実」は力を増してきました。このような中国の開発政策の下、チベットの真実が失われてしまう危険があります。私たちの歴史、私たちのアイデンティティ、私たちの幸せな生活、私たちの権利が脅かされているのです。中国政府は、中国政府版のチベットの事実をつくっています。中国政府の主張に抗議する人がいなければ、誤った事実が中国人、国際社会、そして、未来のチベット人にまで広がってしまう恐れがあります。

　本書は、中国政府によるチベットに関連する誤った主張に対し反論するためのツールです。チベット人から選挙で選ばれた代表者として、いついかなるときも正しい記録を残していく責務があります。本書のようなリソースはこうした目的に資するものです。本書の内容は、過去のチベット亡命政権の

はじめに

著作物、海外の政府・民間組織・専門家の情報をまとめたものです。海外の多くの方々が、チベットの現実を明らかにしてくれています。チベット本土から命懸けで海外に情報を届けてくれた人もいます。

　本書の作成にあたっては、事実を平易に説明し、さらに、抽象的な部分をなくすよう配慮しました。チベット本土に暮らすチベット人は、本書に記された人権侵害などの苦難を、身をもって体験しています。これは、多くのチベット人が焼身自殺という手段で抗議をしていることから明らかです。2009年から多発している焼身抗議の原因が本書で書かれています。本書では、焼身抗議に関する記録を残すのみならず、チベット人を焼身抗議へと追いやった中国政府の罪を白日の下に晒します。実に、152人以上のチベット人が炎に包まれたのです。

　本書は、焼身抗議、チベットの歴史、人権、文化的ジェノサイド、環境、経済開発、都市化、ダライ・ラマ法王の転生、中道政策の9章からなっています。包括的な内容でありながらも、理解しやすくなるよう努めました。本書の各章がそれぞれ独立した本になってもいいくらいの深いものです。事実、各トピックだけを扱った書物も多数存在します。このような内容を網羅した本書は、チベット問題の最も重要な部分に光を当てるものです。

　本書の主張は、チベット本土に暮らすすべてのチベット人が困難に直面しているというものではありません。中国政府のすべての主張が嘘だというものでもありません。現在のチベットにおいて、チベット人が幸福を感じている一面もあります。しかし、それ以上に不幸の要素が大きいのです。経済差別、チベット語・文化・仏教の尊重の欠如、チベットの歴史の抹殺、人権侵害がチベット全土に広がっています。これらの不正義がまかり通っている今、中国政府は1959年（中国政府に対するチベット人の大規模抗議が起き、ダライ・ラマ14世がインドに亡命した年）当時と同様、チベットを合法的に統治できていないのです。

12

しかし、中国の統治下のチベットの苦境だけに焦点をあてていてはいけません。チベット亡命政権には、これらの問題の解決策を積極的に探っていく責務もあります。1988年6月15日、フランスのストラスブールで開かれた欧州議会において、ダライ・ラマ法王はチベットの高度な自治を求める中道政策を公式に発表しました。チベット本土でチベット人が自由を取り戻すアプローチとして、チベット亡命政権は中道政策を支持し続けてきました。現在の状況下では、チベットの高度な自治を求めて中国政府と交渉するのが現実的な解決策です。しかし、残念なことに、中道政策は中国政府により曲解されて伝えられています。そのため、本書では中道政策に関する章を含め、私たちが求めているものを改めて示しました。

　中国政府がいかにして世界の目からチベットの真実を覆い隠そうとしても、チベット人、チベットサポーターが、チベットで起きている真実についての情報を広め続けています。チベット人の権利を求めるための闘いは続いているのです。こうした動きに本書が一助となればチベット亡命政権として幸いです。

2018年10月
チベット亡命政権 首相
ロブサン・センゲ

日本語版出版に寄せて

　この度、集広舎より『チベットの主張:チベットが中国の一部という歴史的根拠はない（TIBET WAS NEVER A PART OF CHINA）』を日本語に出版できたことを嬉しく思います。チベット亡命政権がチベット内に暮らすチベット人の情報源をもとに収集して真実を伝える貴重な報告書であります。

　軍事・経済大国となった中国を相手に、チベット問題の解決は難しいという声もあります。しかし、チベット亡命政権とチベット内外のチベット人は、希望を失っておりません。世界中の方々が絶賛してくださるチベットの仏教文化を、私たちは何としても守らねばと考えております。特にチベット本土の若者たちのチベットの仏教文化を守ろうという思いは、以前にも増して強くなっております。このような状況での皆様のご支援は、私たちの原動力であり、ひとりでも多くの方にチベットの真実を知って頂くことが、チベットが抱えている問題を変える力になると信じております。

　私たちチベット人は、ダライ・ラマ法王のご指導の下、60年間難民としてインドをはじめネパールやブータンなど世界各地で暮らしております。60年は長いですが、法王のご意向の下、2011年、民主的な選挙によってロブサン・センゲ首相（主席大臣・シキョン）が政治的最高指導者に選出されました。新政権の指導の下、私たちはダライ・ラマ法王が提唱してこられた「中道のアプローチ」を貫くことでチベット問題を解決しようと取り組んでおります。「中道のアプローチ」とは、チベット・中国双方を利する方法でチベット問題を平和的に解決するという意味でチベット・中国双方を利する政策で

す。しかし中国側は、『チベットは中国の不可分の領土である』『チベットは独立を放棄していない』と主張し続け、話し合いのテーブルにつくことはなく、チベット人は、このような現状を非常に危惧しております。

　チベット本土にいるチベット人は、中国政府の弾圧と監視に常に怯えて暮らしています。チベット人の高僧・知識人・実業家・教師・歌手・芸術家・作家・富裕層など、少しでも影響力のある人は昼夜を問わず突然連行され、取り調べられ、冤罪をきせられる危険に常に晒されています。パンチェン・ラマ11世ゲンドゥン・チューキ・ニマは、今年の４月25日で31歳になります。パンチェン・ラマ11世とその両親の強制失踪事件は、1995年から25年間も続いている犯罪です。現在、外国の報道機関はチベットに入ることは許されておらず、チベットは事実上封鎖されています。

　1951年に中国がチベットに侵攻して『十七か条協定』を締結させて以後、中国政府は『チベットは中国に開放された結果、発展し、豊かになり、チベット人は平和で幸福に暮らしている』と宣伝しています。しかし、2009年２月からはじまったチベット人の焼身抗議者は現在まで150名以上、死者130名に上っており、その半数近くは15歳から20歳の若者です。中国政府の報道が真実なら、なぜチベット人の若者が焼身抗議をするのでしょうか。

　中国政府は中国河北省武漢発祥の新型コロナ感染源を隠蔽するようにチベット問題もデマと歪曲によってこれからも必死に隠そうとするでしょう。

チベット民族が存続するかぎり、チベットの真実を伝え続けます。私たちチベット人は、いつか故郷に帰れる日が来ると信じ、チベットの仏教文化の価値を守っていくよう今後も努力してまいります。これからも日本の皆様の変わらぬ温かいご支援とご協力を賜りますよう、心よりお願い申し上げます。

合掌

2020年5月17日
ダライ・ラマ法王日本代表部事務所
ルントック

第1章
燃えるチベット：チベットの焼身抗議

2017年12月23日、世界がクリスマスの祝賀ムードに包まれる中、チベット北東部では元僧侶コンペ（30）の体が炎に包まれていた。コンペは、チベットの自由とダライ・ラマ法王のチベットへの帰還を求めて、自らの体に火を放った。そして、翌日のクリスマス・イブ、コンペは帰らぬ人となった。コンペは焼身自殺による抗議をチベット本土で行った151人目のチベット人となった。そして、焼身抗議で命を落とした129人目のチベット人となった。

この9年間、チベットは炎に包まれている。

■ チベット人が焼身抗議を行う理由

焼身抗議は自らの体に火を放つ抗議であり、歴史的に、ベトナムやアラブ世界などで、政治的な抵抗を示すために行われてきた。焼身抗議は明確な意志、目的を持って行われるものである。そのため、焼身抗議を計画し、実行すること、そして、その結果命を落とすことは、決して無駄ではない。焼身抗議の前および最中に焼身抗議者が訴える内容は、焼身抗議者の確固たる信念から来るものである。チベットの焼身抗議者は、自らの身を挺して、チベットの人権状況の改善、チベットの政治改革、ダライ・ラマ法王のチベットへの帰還という目的に灯をともしているのである。

19

チベットでの相次ぐ焼身抗議は、かつて独立国家であったチベットが中国に不法に占拠されていることを示すものである。中国は都市化、経済・環境発展、仏教の転生者という聖域の政治化をすすめており、チベットの人権状況は悪化の一途をたどっている。チベットでは文化的ジェノサイド、人権弾圧が広がっている。このような悪状況がチベット人を焼身抗議へと駆り立てている。焼身抗議者は自らのスローガンを伝えるため、人が多い場所で焼身抗議を行う。焼身抗議者の一貫したスローガンは、チベットの自由とダライ・ラマ法王のチベットへの帰還である。チベットの自由は、チベットの人権状況の改善を意味する。ダライ・ラマ法王のチベットへの帰還は、376年間転生を繰り返し、チベットの政治を治めてきたダライ・ラマ（5世から14世）が本来いるべきチベットへ戻ることを求める呼びかけである。

■　焼身抗議の概要

チベットで焼身抗議が始まったのは、2009年、つまり中国政府に対する大規模抗議が起きた2008年の翌年のことである。それ以降、チベットの焼身抗議者は152人となった。（日本語訳を行っている2019年12月の段階で、さらに3人が焼身抗議を行っている）このうち、126人が男性で、26人が女性である。（チベット外でも約10人が焼身抗議を行っている。その大半が、インドとネパールだ）命を落とした人は130人にものぼる。また、焼身抗議者の3分の1近くが僧侶や尼僧である。[※1]　その他の人々は一般人であり、学生、農民、教師などが含まれる。若い子を持つ親の場合もある。

焼身抗議を行う人は、ガソリンや灯油を体にかけて火を放つ。場所は公の場所であることが多い。焼身抗議者が撮影された画像や動画を見ると、炎に包まれながらも手を合わせたまま微動だにしない人もいる。また、中国政府により禁じられているチベット旗を掲げる人もいる。映像を見る限り、焼身抗議者が

他者に危害を加えているケースは一例もない。

　確実に本懐を遂げられるよう、そして、遺体が中国当局に押収されないよう、多くの焼身抗議者が灯油を予め飲み、体をワイヤーで固定している。※2　一命をとりとめ、中国当局に身柄を拘束された場合は、焼死するのに等しい恐ろしい結末が待ち受けている。投獄、拷問だ。アメリカのNGO「フリーダム・ハウス」の2017年の報告書には以下のように記されている。

　中国当局は、チベット人に対し、威圧的な対応をする。
　非武装の一般人に対し、実弾を使うなどの行為が行われている。※3

　焼身抗議が起きると、中国警察は現場に急行し、厳しい取り締まりを行う。警察は、焼身抗議の情報が外部に伝わるのを防ぐべく、インターネットを遮断する。

■　焼身抗議のデータ

　焼身抗議がピークに達したのは2012年のことだ。この年、85人ものチベット人の体が炎に包まれた。アメリカ合衆国議会行政中国問題委員会は、焼身抗議の「頻度が高まり、場所も広がっており、多様化している」と述べている。また、「一般人の焼身抗議が増えている」とも述べている。チベット人の焼身抗議が続くのは、中国政府によるチベット人への差別政策に対するチベット人の苦悶・怒りが広がった結果である。2018年、ツェコ・トゥクチャク（44）が東チベットのンガバで焼身抗議を行い、本書執筆の2018年10月16日時点で152人目の焼身抗議者となった。※4

焼身抗議者数の年別のデータ[※5]

年	焼身抗議者数	死者数	現在の状況が不明な人の数	備考
2009	1	0	0	重い火傷を負う。 所在不明。
2011	12	8	0	2人が体の一部を切断。 1人に懲役5年の判決。
2012	85	74	9	1人が体の一部を切断。 1人に懲役5年の判決。
2013	26	25	1	
2014	11	9	1	1人が重傷で入院中
2015	7	7	0	
2016	3	3	0	
2017	6	3	3	
2018	1	1	0	

　焼身抗議者の年齢は、15歳から64歳である。最年長の64歳は、東チベットのアムドのチャンツァ県のタムディン・タルである。また、最年少は、東チベットのンガバのゴマン街ツォドゥク村出身のドルジェである。タムディン・タルは2012年6月15日に、ドルジェは同年11月7日に息を引き取った。

　焼身抗議者の多くが20代前半で、平均年齢は27歳である。若い人が焼身抗議を行っている事実は、60年にわたる中国政府のチベット統治政策が失敗していることの表れだ。1959年、チベットのラサで中国政府に対するチベット人の大規模抗議が起き、ダライ・ラマ法王を含む数千人のチベット人が国を追われ、隣国インドへと逃れた。その後、ダライ・ラマ法王を含む多くのチベット人が北インドのダラムサラに拠点を構えた。1959年以降にチベットで生ま

れ、チベットにとどまっている人々は、ダライ・ラマ法王に謁見することは叶わない。彼らは、いつの日かダライ・ラマ法王に謁見できることを夢見て、法王の長寿を祈っている。中国政府は、ダライ・ラマ法王の評判を落とそうとする悪名高い政策を行ってきたが、チベット人のダライ・ラマ法王に対する敬意は揺らぐことはない。このことは、焼身抗議者がダライ・ラマ法王のチベットへの帰還を求めていることからもわかる。

■ チベットの焼身抗議の起源

最初にチベット人の焼身抗議が起きたのは、1998年4月27日のことだ。場所はインドのニューデリーであった。焼身抗議者の名はトゥプテン・ンゴドゥプ。「死に至るまでハンガーストライキを続ける」キャンペーンをインド警察が強制的に中断させた直後のことであった。このハンガーストライキは、中国政府の高官のニューデリー訪問に抗議して、チベット難民のNGOチベット青年会議が主催したものであった。トゥプテン・ンゴドゥプはこのボランティアを務めていた。トゥプテン・ンゴドゥプはこの2日後に息絶えた。

2009年に焼身抗議を行ったチベット僧タペイ

チベット本土で初めて焼身抗議が起きたのは、2009年2月27日だ。東チベットのアムドのンガバのキルティ僧院の20代の僧侶タペイが自らの体に火を放ったのだ。[※6] 僧院での祈りの儀式を中国当局が中止させた後のことであった。この件について、著名なチベット人作家ツェリン・オーセルは次のように

記している。

2009年2月27日、チベットの新年ロサルの3日目のことでした。
チベットで焼身抗議が起きました。

2008年の中国政府の弾圧による犠牲者に祈りを捧げる
モンラム祭を中国当局が中止させたのです。

タペイという僧侶がキルティ僧院の外の通りで
自らの体に火を放ったのです。

　タペイの焼身抗議後、焼身抗議の波がチベット各地、そして、チベット難民
が居住するインド、ネパールにも広がった。そして、少なくとも130人が命を
落とした。一命を取り留めた人で現在の状況がわかっている人はごく僅かだ。
ロブサン・ケルサン、ロブサン・クンチョク、ソナム・ラビアンは体の一部を
切断することになった。ケサン・ワンチュクは、脊髄を損傷し、体に麻痺が
残った。ダワ・ツェリンは、自宅で治療を受けているという。クンチョクは重
傷で入院している。それ以外の焼身抗議者数十人の状況は不明のままだ。

　繰り返しになるが、重要なことなので、再度記しておく。焼身抗議者の大半
が、中国がチベットを侵攻した後で生まれた若い人たちなのだ。彼らはダライ・
ラマ法王に謁見したことはない。そんな彼らが、ダライ・ラマ法王のチベット
への帰還を求めているのだ。焼身抗議者の3分の1が10代である。アメリカ
合衆国議会行政中国問題委員会の2012年の報告書では、「2008年3月の抗議活
動の後の複数の要因が、人々を焼身抗議へと駆り立てている可能性がある」と
記されている。※7　焼身抗議者が自らの願いを表現するのに残された唯一の方
法が焼身抗議だったのだ。

■ なぜチベットは炎に包まれているのか？

　チベット統治に伴う根本的な問題の解決に失敗したことを、中国共産党の中で働くチベットの指導者たちは早い段階から気づいていた。1960年代、チベットの指導者たちは中国共産党の統治に抗議の声をあげた。その一人が、故パンチェン・ラマ10世である。パンチェン・ラマ10世は、中国政府の指導者に対し、7万字にもおよぶ嘆願書を送った。歴史上例のない勇敢、そして、大胆とも言える行為だ。嘆願書は外交的な言葉遣いで書かれていたものの、実質は、中国政府によるチベットの文化的ジェノサイドを批判するものであった。この痛烈な批判の結果、パンチェン・ラマ10世は大きな犠牲を払うことになった。毛沢東はパンチェン・ラマ10世を「我が階級の敵」と呼び、嘆願書を「毒矢」と非難した。その後、パンチェン・ラマ10世は苦難に見舞われることになる。ときには暴行を受け、何年にもわたり独房に収容された。パンチェン・ラマ10世が釈放されたのは、毛沢東の死後のことであった。1989年、パンチェン・ラマ10世は、中国の統治下でチベットが得たものよりも失ったものの方が多いと述べた。そして、この発言の数日後、不可解な早すぎる死を遂げることになる。

　中国共産党の下で働いたことのあるチベット人の多くが、中国共産党によるチベットの統治を以下のように評している。

最初の10年（1950～1960年）で
領土を失った（中国共産党によるチベットの侵略）。

次の10年（1960～1970年）で
政治的な力を失った（チベット政府は中国共産党に取って代わられた）。

その次の10年（1970〜1980年）で
文化を失った（文化大革命により、チベットの信仰は破壊された）。

その次の10年（1980〜1990年）で
経済を失った（漢人移民がチベット人の職を奪った）。 ※8

　上記の評価は、チベットの多くの若者が焼身抗議に駆られる理由を示している。彼らは、日々、中国政府によるチベット仏教文明・言語・アイデンティティへの止むことのない弾圧を目にし、経験しているのだ。彼らは、中国共産党のチベット仏教への介入に憤慨しているのだ。中国政府は、今、チベット仏教の指導者の任命にも介入している。中国政府は、ダライ・ラマ法王を非難し、僧侶や尼僧に対し、ダライ・ラマ法王を非難するよう強要している。

　漢人移民がチベットに流入し、チベット人の職、土地、未来を奪っている。

チベットの街は中国化している。こうした状況に、チベット人は警戒と恐怖を覚えている。遊牧民は、家畜を奪われ、草原を追われ、都市に定住させられている。その結果、遊牧民時代は自立していた世帯が、収入を失い、貧困にあえいでいる。また、大規模開発もチベット人にはほとんど恩恵がない。チベットの天然資源が、資源に乏しい中国東部へと運ばれている。チベットの中国化が進み、チベット人は先祖代々の土地で二流市民となりつつある。

　中国政府による止むことのないチベットの弾圧、そして、それを見て見ぬふりをする世界について、研究者デイヴィッド・スネルグローブとヒュー・リチャードソンが著書『チベットの文化史』の中で述べている。[※9] 両氏は執筆に至った動機を次のように述べている。

第1章　燃えるチベット：チベットの焼身抗議

今、私たちにはこの本を書く責任があります。
今、私たちの目の前で、チベットの文明が消えようとしているのです。

しかし、世界ではこのことに対して、
ほとんど抗議の声はあがっていません。
大多数の人が見て見ぬふりをしています。

かつて多くの文明が衰退し、統合されてきました。
それと同じことが今まさに起きているのです。

■　焼身抗議者の最期の言葉

自らの体に火を灯すとき、焼身抗議者は次のようなスローガンを叫んでいる。

——————　チベットに自由を
——————　ダライ・ラマのチベットへの帰還を

ほとんどの焼身抗議者が現場でスローガンを叫んでいる。遺書や動画を残した人もいる。彼らは、自身の焼身抗議が中国政府の弾圧政策によるものであり、チベット人のアイデンティティ・言語が脅かされているというメッセージを残している。また、ダライ・ラマ法王のチベットへの帰還を求めるメッセージも残している。

彼らに、現場近くの人を傷つけようという意図はない。中国政府の検閲をかいくぐって外部に流出した映像を見ると、そのことがよくわかる。

2011年3月16日に焼身抗議を遂げたキルティ僧院の21歳の僧侶プンツォク

は、命が絶えるまでの僅かな時間で以下のようなメッセージを残した。

私の最期の言葉は、600万人のチベット人に向けてのものです。
みなさんには、数珠玉のように一つに団結していただきたいと思います。

チベット問題のために、手を取り合い、前に進んでください。※10

また、青海省ユルシュル・チベット自治州で2012年6月20日に、テンジン・ケダプとともに焼身抗議を行ったンガワン・ノルペル（22）はメッセージを残しており、その動画が撮影されている。

私たちの民族には言語の自由がありません。
チベット語に中国語が混じってきています。

私の遺産は自由に使ってください。
遺産はいりません。

我が雪の国に何が起きたのでしょう？
（この焼身抗議は）チベットのためです。
私たちは雪の国の住人です。

自由・文化的伝統・言語が存在しなくなったら、
それは恥でしかありません。

これらを学ばなければなりません。

すべての民族に、自由、言語、伝統が必要です。
言語のない民族などありえるのでしょうか？

私たちは中国人なのですか？
それともチベット人なのですか？※11

■ 焼身抗議者が最期に選ぶ場所

　焼身抗議者が最期に選ぶ場所にも重要な意味がある。中国政府の役所、採掘現場、警察署、軍のキャンプの前を選ぶ人もいる。また、公共の場所や大通りを選ぶ人もいる。

　少なくとも2件の焼身抗議が採掘場のそばで起きている。2012年11月20日、ツェリン・ドンドゥップ（34）は、カンロ・チベット自治州サンチュ県アムチョクの採掘場前で自らの体に火を放った。※12 その約1週間後の11月26日、同じ場所で、18歳のクンチョク・ツェリンが焼身抗議を行った。※13

　24歳の農家ラモ・ツェリン（24）が2012年10月26日に最期を迎えたのは、カンロ・チベット自治州サンチュ県アムチョクの軍の基地の前であった。※14

　2012年3月4日、リンチェンが焼身抗議を行ったのは、ンガバの警察署そばであった。同年6月15日、タムディン・タル（64）が選んだ場所は、マロ・チベット自治州チャンツァの警察署前であった。同年10月23日、ドルジェ・リンチェン（57）はカンロ・チベット自治州サンチュ県の警察署前を選んだ。2013年2月17日、ナムラ・ツェリン（49）はカンロ・チベット自治州サンチュ県の警察署前で息絶えた。2014年9月16日、クンチョク（42）はゴロク・チベット自治州ガデ県ツァンコルの警察署前で自らの体に火を放った。そして、重態となり病院へ搬送された。同年12月16日には、センゲ・カル（33）がカンロ・チベット自治州サンチュ県アムチョクの警察署前で息絶えた。同年12月23日、タウ・ニツォ僧院の僧侶ケルサン・イエシは、カルゼ・チベット自治州タウ県

の警察署前で火を放ち、同日帰らぬ人となった。

■ 焼身抗議への中国政府の対応

多くのチベット人の若者を焼身抗議へと駆り立てているのは、
中国政府によるチベットの仏教文明、言語、
アイデンティティへの弾圧である。

中国政府はチベット仏教にまで介入しており、
チベット仏教の指導者の認定までも行おうとしている。[15]

　中国政府は、焼身抗議者の訴えに耳を傾けることなく、焼身抗議が起きた地域での弾圧を強めている。焼身抗議そのものが犯罪であるとする新たな規制も導入されている。また、焼身抗議者の家族、親族、僧院関係者、村関係者にも集団的懲罰が科されている。

　中国政府は、チベット人の焼身抗議の原因が「家庭内の問題」であるとして、焼身抗議者の名誉を貶めようとしたこともあった。[16] また、焼身抗議者を「ダライ・ラマに操られている悪しき精神を持った犯罪者」と断じたこともある。[17] 中国政府の役人やメディアは、焼身抗議者を「テロリスト、他人の物真似」と評したこともある。「ストレスや精神疾患を持った10代が自制心を失って衝動的に自殺している」と述べたこともある。[18]

中国政府の役人は焼身抗議者が暴力的であると
頑なに非難しています。[19]

■　焼身抗議の弾圧

焼身抗議が起きる中、チベット人を尊厳を持って人道的に扱うようにというチベット人の声が高まっている。しかし、中国政府は焼身抗議に対して弾圧を加えている。

焼身抗議にかかわった友人、家族、コミュニティには懲罰が科されている。[20]

また、一命を取り留めた焼身抗議者本人にも様々な手で弾圧が加えられている。

最初の焼身抗議者であるタペイは、体が炎に包まれている最中に人民武装警察により銃で撃たれた。[21]　目撃者によると、タペイは、ダライ・ラマ法王が中央に描かれた自作のチベット旗を掲げていたという。その後、地面に倒れこみ、警察に連行された。連行先は不明だ。

僧侶カルサン・イエシの焼身抗議の際は、カルサン・イエシの遺体が中国当局の手に渡るのを周囲にいたチベット人が阻もうとした。この際、武器を持たないチベット人に対し、中国警察が発砲した。銃弾は二人に当たった。また、数人の負傷者も出た。

このときの様子をマスコミは以下のように報じている。

カルサン・イエシの遺族二人が現場で拘束された。
遺族は、カルサン・イエシの遺体を川に投げ捨てさせられた。
負傷者は逮捕を恐れて、病院には行っていない。[22]

中国政府は、焼身抗議を「テロ」と呼ぶことにより、焼身抗議の影響を消そうとしている。また、焼身抗議の「予防措置」として、焼身抗議者の家族、親族、友人も共犯になるとしている。中国政府は、「外部勢力」が焼身抗議者を扇動しているという立場をとっている。著名なチベット人作家ツェリン・オーセルは、「中国政府が、国営メディア新華社通信、新華網、中国中央電視台（CCTV）を使って、焼身抗議者の名誉を毀損しようとしている」と述べている。オーセルは、著書『炎に包まれるチベット：中国政府の統治に対する焼身抗議』（Tibet on Fire: Self-Immolations Against Chinese Rule）の中で次のように述べている。

　これらのメディアは奇妙な批判をしています。

焼身抗議者がてんかんの患者、『精神疾患者』、泥棒、
アルコール・喧嘩・ギャンブル中毒者であると言うのです。
また、定期的に娼婦と交わり、性病を拡散しているとも言っています。
また、友人や恋人との関係がこじれたり、
学校の成績が落ちたりしたことが
焼身自殺につながっているなどと言っているのです。

　CCTVは、自身の主張を証明すべく、５つのプロパガンダ特番を放送した。※23 この特番では、７人の焼身抗議者の映像が流された。紹介された７人の焼身抗議者の家族、友人は、焼身抗議者が現在どういう状況にあるのかすら知らないと報道された。※24

　仏教の伝統を育んできたチベットでは、葬儀についても伝統的な仏教の儀式がある。しかし、中国当局は、焼身抗議者の遺体を遺族に引き渡さない、遺族や僧侶が葬儀をあげるのを禁じるなどの非倫理的な対応をしている。葬儀をあげているのを見つかった僧侶は拘束されている。当局が火葬を行い、遺灰だけ

が遺族に引き渡されるケースもある。

カンロ・チベット自治州やマロ・チベット自治州などでは、焼身抗議を禁止する通達が出されている。「焼身抗議者に祈りを捧げたり、同情を示したり、遺族に見舞金を渡したりした者は厳罰に処される」という。[25] マロ人民裁判所と公安は、「7つの禁止事項」を発表している。[26]

1. 自宅にダライ・ラマの写真を飾らないこと。
2. ダライ・ラマ一味の言葉や考え方を広めないこと。
3. 中国共産党や政府に対する苦情や噂を広めないこと。
4. 焼身抗議の組織、計画、扇動、強要、そそのかしを行わないこと。
   他人が焼身抗議を行う手助けをしないこと。
5. 焼身抗議の現場を見ないこと。葬儀を行わないこと。
   遺族に見舞金を渡さないこと。
6. 違法な行進、集会を行わないこと。
7. 社会の秩序を乱したり、公共の場で混乱を引き起こしたり、
   交通を妨害する集会を行ったりしないこと。

焼身抗議を防ごうとする中国政府の措置が失敗していることは明白だ。焼身抗議を禁じる通達が出された後も、焼身抗議は続いている。実際、通達の後、焼身抗議の数は顕著に増えている。カンロ・チベット自治州では、焼身抗議者の「背後にいる人物」に関する情報の提供者に、5万〜20万元の報奨金を支払うという通達が出された。また、当地には追加の監視カメラも大量に設置された。[27]

オーセルは次のように述べている。

通達が出される前、カンロで焼身抗議を行ったチベット人は6人でした。

しかし、通達が出された後の1か月で、
14件もの焼身抗議が起きたのです。※28

■ 集団的懲罰

　焼身抗議者の家族の逮捕、拘束、拷問、投獄も相次いでいる。

　2017年12月23日、ンガバでコンペが焼身抗議を行い、翌日息絶えた。彼は30歳前後で、この1年ほど前に結婚したばかりであった。焼身抗議が起きると、警察は、一命を取り留めたコンペをただちに連行した。しかし、現地とコンタクトのあるインド在住のチベット難民によると、この12時間以内にコンペは病院で息絶えたという。その後、コンペの父ギャキャブは拘束された。現在、ギャキャブがどこで拘束されているかは不明だ。

　集団的懲罰が科されることにより、村人や僧院関係者も懲罰を受ける。また、焼身抗議が起きた地域の役人も罰せられる。※29

　中国当局は、焼身抗議を、「ダライ一味」（ダライ・ラマとインドのチベット亡命政権のこと）に扇動されたテロと見なしている。当局は、焼身抗議者の家族と親族に対するガイドラインを発表している。焼身抗議者の家族や親族は、3年間、海外やチベット自治区に行くことはできないという。また、中国政府や軍の仕事には応募できないという。また、3年間は、ローンやビジネスライセンスも自動的に拒否される。さらに、焼身抗議者の家族が所有している農地は政府に押収される。また、焼身抗議に関する情報の提供者には報奨金が支払われる。

　2013年4月、ンガバ・チベット自治州ゾゲの役人が、焼身抗議者の家族、

村人、僧院関係者を罪に問うという新たなルールを発表した。このルールは16項から成る。主な内容は、焼身抗議者の家族のブラックリストへの登録（第16項）、政治権のはく奪（第2項）、政府関係の雇用機会のはく奪（第1項）、3年間の福祉サービスの停止（第4項）、土地や家屋の所有の禁止（第10項）、ビジネス開始の制限（第10項）、ラサ（チベットの中心都市）や海外への旅行禁止（第11項）、経済的支援のはく奪（第5項）、村人、僧侶、尼僧への「法的教育」（第13項）、である。※30

　さらに、このルールでは、焼身抗議が起きないことの保証として、1万〜50万元を村人と僧院が払うことになっている。焼身抗議が起きた場合は、保証金は没収され、新たな保証金を納める必要がある（第7項）。※31

　また、焼身抗議が起きた場合は、コミュニティに恩恵をもたらす国家的投資などが停止される可能性があるという。

■　ゾゲ県当局が発表したガイドライン

　2012年12月5日、ゾゲ中等裁判所は、焼身抗議を助けたあるいは奨励した人物は、「故意殺人」罪になるという通達を出した。※32

　続いて、2013年4月、下記の通達を出した。
（p38-9）

焼身抗議に対する暫定的規制の通達
ゾゲ県人民政府発行

■ 「焼身抗議を扇動した」チベット人への有罪判決

焼身抗議に関係したとして約百人が拘束され、様々な懲役刑を受けている。焼身抗議に関係した人への弾圧を行うことで、中国政府は焼身抗議を止めようとしているが、実際には、さらに焼身抗議が広がる結果になっている。

2018年3月28日、ンガバ・チベット自治州バルカム人民裁判所は、焼身抗議に関与したとして、キルティ僧院の僧侶ロブサン・センゲに懲役5年の判決を下した。※33 中国当局による厳しい監視・インターネット検閲のため、焼身抗議の詳細はなかなか入手できない。ロブサン・センゲは、2012年8月に最初に拘束されたが、その後釈放されていた。それから5年がたった2017年8月に再逮捕され、それ以降音信不通になっていた。家族や親族も裁判や判決について知らされなかった。

2017年4月15日にワンチュク・ツェタン（39）が焼身抗議を行った際、ニャロン県のチベット人3人が「ワンチュク・ツェタンの携帯電話を所持」していたとして逮捕され、激しい拷問を受けた。また、焼身抗議の動画を撮ったとして別の5人も逮捕された。クンチョク・ツェリン（39）は焼身抗議の動画を撮影したとして拘束され、激しく殴られ、死亡した。※34

焼身抗議に関わったとされるチベット人には死刑や長期の懲役刑が出ている。焼身抗議を遂げたクンチョク・ワンモ（29）の夫ドルマ・キャブ（32）は、妻を殺害したとして、2013年8月15日、死刑判決を受けた。この5か月前の3月13日、クンチョク・ワンモは焼身抗議を行い、翌日、ドルマ・キャブはゾゲ県当局に逮捕された。当局は、クンチョク・ワンモの焼身抗議の原因が家庭内の問題であるとドルマ・キャブに認めさせようとしたが、ドルマ・キャブはこれを拒否し、死刑判決を受けることになった。※35

ゾゲ県の全政府関係者および住民へ

　現在、全県をあげて、経済拡大、長期安定の構築にむけて最大限の尽力をしているところである。この重要な時期に、大多数の民衆、僧院、僧侶は、中国共産党、社会主義、少数民族の自治を、信念をもって支持している。県全体で、国家の団結と社会的安定を確かなものにすべく、多くの人が重要な役割を担っている。しかし、隠れた動機を持った一部の犯罪者が、悪しき欲望を満たすため、故意に安定と団結を壊している。人々の日常生活が妨害されている。健全な経済と社会の発展が損なわれている。犯罪を撲滅するため、勧善懲悪のため、社会環境の調和と安定を維持するため、大衆の基本的利益を守るため、これらの規制は注意深い考慮を重ねた末、作成された。

1. 焼身抗議者の直系の血族（両親、配偶者、子、従兄弟）は、国家公務員、企業スタッフ、軍の事務員、兵士の職に応募する資格を喪失する。

2. 焼身抗議者の直系の血族は、全国人民代表大会への委任、中国人民政治協商会議のメンバーおよび村の役員の選挙に参加する資格を喪失する。

3. 公務員、企業スタッフは、意識を持って親族を教育しなければならない。親族が焼身抗議を行った場合は、関連する規制に従って、厳粛に対処される。

4. 焼身抗議者の家族は、3年間、家族が受けているプログラムの恩恵を享受する資格を喪失する。焼身抗議が起きた村についても、1年間、プログラムの恩恵を享受する資格を停止する。

5. 焼身抗議者が所属していた村や僧院は、国家投資プロジェクトの資格を喪失あるいは一時停止される。国家プロジェクト、地域プロジェクトの両方がこれに該当する。

6. 焼身抗議者の家族および関係が深かった人は、不正直と見なされる。焼身抗議者が所属していた村、僧院も不正直な村、僧院と見なされる。村や僧院は3年間、融資を受けることができない。すでに財政機関から承認を得た融資は認められるが、新たな融資は認められない。

7. 焼身抗議が起きた村あるいは僧院は、焼身抗議を防ぐために、1万˜50万元を安全保証金として支払わなければならない。2年間焼身抗議が起きなければ保証金は返還される。再度焼身抗議が起きた場合、保証金は押収され、新たな保証金を支払わなければならない。

8. 焼身抗議は、村への助成、僧院の民主管理委員会、僧院の教師の認定に影響する。該当者は「年次優秀者」の資格を喪失する。

9. 焼身抗議者は土地を耕作する権利を喪失する。焼身抗議者が所属する村は、土地を管理する権利を喪失する。

10. 焼身抗議者・直系の親族・関係の深い者が所有を認められるのは、住居及び住居に関係する物品のみである。しかし、住居所有の証明書は発行されない。あらゆる商業活動は3年間認められない。

11. 県を出たり、チベット自治区に入ったりするための申請書類は、焼身抗議者の直系の親族からは3年間受け付けない。

12. 焼身抗議が起きた場所には、「厳しい取り締まり」、懲罰が行われる。同時に、包括的な管理法の執行を受けることになる。

13. 焼身抗議が起きた場所の村人、僧侶、尼僧、仏教の指導者には、法的な教育が行われる。焼身抗議が罪に問われない、あるいは、公共の秩序を乱したとして罰則を受けない場合は、焼身抗議者の直系の親族および関係の深い者が15日以上の法的な教育を受ける。

14. 焼身抗議が起きた僧院では、仏教活動、イベントが厳しく制限される。

15. 焼身抗議が起きた組織の財政状況は法に則って検査される。収支、寄付を僧院管理委員会に報告しなければならなない。また、僧侶、尼僧、信者にも定期的に通達されなければならない。

16. 焼身抗議を防ぐための情報を提供した者には、情報の正当性が確認された場合、2千〜50万元の報奨金を与える。報告プロセスは極秘とする。

　この規制は、通達の日から施行される。本規制と食い違う規制がある場合は、本規制を最終的なものとして優先する。

ゾゲ県人民政府
2018年4月8日

　2013年1月31日には、ンガバ・チベット・チャン自治州中等人民裁判所が、ロブサン・クンチョク（40）とロブサン・ツェリン（30）に重い判決を下した。罪状は、8人の焼身抗議者の「故意殺人罪」とされた。中国国営の新華社通信によると、ロブサン・クンチョクには執行猶予2年付の死刑判決、甥のロブサン・ツェリンには懲役刑の判決が下された。※36　二人は2012年8月に拘束されたが、警察が逮捕を発表したのは2012年12月のことであった。

　焼身抗議の情報を拡散した人にも厳罰が科されている。2017年10月、ユルシュル・チベット自治州で、少なくとも7人のチベット人が拘束された。2年前に撮影した焼身抗議の動画をシェアしたことが罪に問われた。RFA（Radio Free Asia）は、「中国当局は、これらのチベット人がチベット外の人物と連絡を取ったことを罪とした。また、彼らが違法活動に従事したという罪も付けた」と報じている。※37

　2014年11月3日、ンガバ中等人民裁判所は、ドルマ・ツォに懲役3年の判決を下した。焼身抗議を行ったクンチョク・ツェタンの黒焦げになった体を車両に載せようとしたためだ。また、別のチベット人7人も、クンチョク・ツェタンの焼身抗議を手助けしたとして懲役刑を受けた。コンメは懲役3年、ゴペルは懲役2年、氏名の確認が取れない他の5人は懲役5年の判決を受けた。

　2011年8月29日、ンガバ裁判所は、ロブサン・ツェンドゥ（46）に懲役11年の判決を下した。同日、新華社通信は、「自らの体に火を放ったプンツォクの身柄を隠し、治療を受けられない状況にした『故意殺人』により、ロブサン・ツェンドゥに懲役刑が出された」と報じた。プンツォクは、2011年3月16日に焼身抗議を行ったキルティ僧院の僧侶で、ロブサン・ツェンドゥは、プンツォクの叔父かつ教師であった。※38

　2011年8月30日、ンバガ裁判所は、ロブサン・テンジンに懲役13年、ロブ

サン・ナクテンに懲役10年の判決を下した。プンツォクの焼身抗議を「計画、扇動、手助け」したためだという。※39

　2011年9月5日、ロブサン・ダルギャル（22）（焼身抗議を行ったプンツォクの兄）とツェコ（30）に懲役4年の判決が出された。プンツォクの焼身抗議に関与したためだという。兄ロブサン・ダルギャルと叔父ロブサン・ツェンドゥへの判決の後の9月26日、プンツォクの弟のロブサン・ケルサンが焼身抗議を行った。四人兄弟のうちの二人が焼身抗議を行い、一人が投獄され、彼らの叔父も投獄されたことになる。また、もう一人の兄弟は、もともと身体に障がいがあったが、その後、姿が見られなくなったという。

　2013年1月31日、カンロ・チベット自治州サンチュ県人民裁判所は、6人のチベット人に懲役3年～12年の判決を下した。2012年10月23日に焼身抗議を行ったドルジェ・リンチェン（58）の焼身抗議に関わったためだという。※40ペマ・ドンドゥプには懲役12年、ケルサン・ギャツォには懲役11年、ペマ・ツォには懲役8年、ラモ・ドンドゥプには懲役7年、ドゥカル・ギャルには懲役4年、ヤンモ・キには懲役3年の判決が下された。※41

　2013年2月28日、「焼身抗議を扇動」したとして9人のチベット人が裁かれた。カンロ・チベット自治州ルチュ県で行われた裁判所の公聴会では、9人の家族を含むチベット人の参加は認められなかった。判決を受けたのは、ザムツァ・ドンスク僧院の僧侶カルサン・サムドゥプ、カルサン・キャブ、カルサン・ソナム、ツェズン、ドルジェ・ドンドゥプ、カルサン・ナムデン、ソナム・キ、ラモ・ドルジェ、ニマで、全員がザムツァ・ロツォ村の住人であった。※42

　2013年3月2日、焼身抗議に関与したとして3人のチベット人に懲役刑が出された。当地の中国紙によると、判決はルチュの裁判所で出されたという。「故意殺人」罪として、ラモ・ドルジェに懲役15年、カルサン・ソナムに懲役

11年、ツェサン・キャブに懲役10年の判決が出された。※43

2013年3月2日、マロ・チベット自治州レブコン県のイェルション僧院の僧侶ヤルペル（42）に懲役1年3か月の判決が出された。ヤルペルは焼身抗議者の叔父で、焼身抗議を行った甥の遺灰をロンウォ僧院から甥の家に運んだことが罪に問われた。

2013年4月18日、青海省ツォハル州のヤジ県裁判所は、ツェンドゥ（27前後）、ゲンドゥン・ツルティム（30前後）に懲役3年の判決を下した。両名とも、ベウド町のベウド僧院の僧侶であった。二人は、2012年11月19日にヤジ・サラル自治県で焼身抗議を行ったワンチェン・ノルブの葬儀を行ったことが罪に問われた。※44　二人は、2012年11月21日、ワンチェン・ノルブの家に弔問に訪れる途中で逮捕された。※45

2013年5月14日、マロ・チベット自治州ツェコク県人民裁判所は、作家兼僧侶ガルツェ・ジグメ（36）に懲役5年の判決を下した。焼身抗議を含むチベットの問題についての本を書いたためだ。※46

2013年10月、青海省フゾウにある裁判所が、ゴロク・ペマ県ドゥンダ町在住のワシュル・ドトゥク（51）に懲役10年の判決を下した。判決日は不明だが、2012年12月3日のロブサン・ゲドゥンの焼身抗議に「関与」したことが罪に問われて拘束されたとみられる。※47

2016年9月12日、ラブラン僧院の僧侶ジンパ・ギャツォ（39前後）とケルサン・モンラム（37）がサンチュ県の裁判所から懲役刑を受けた。2015年5月27日のセンゲ・ツォの焼身抗議に関与したとされる。二人は2015年6月に拘束され、判決は家族には知らされなかった。具体的には、センゲ・ツォの焼身抗議の情報と画像をインターネットでシェアしたことが罪に問われた。※48

焼身抗議に関与して逮捕、拘束、拷問、投獄された人の総数は不明だ。中国当局による通信規制により、チベット人の拘束、逮捕、投獄のニュースが外部に出ないことは珍しいことではない。外部に送信された情報は、送信者が自らの身の危険を顧みず送信したものだ。

焼身抗議に関与したとされるチベット人に中国当局が厳刑を科していることを、国際人権団体は批判している。ヒューマン・ライツ・ウォッチの中国ディレクターであるソフィー・リチャードソンは、罪状が信頼できないと述べている。

焼身抗議について話した人を罰することで、
焼身抗議を止められると中国政府は考えているようです。

しかし、中国政府のこうした姿勢が
さらなる焼身抗議の悲劇を生んでいるのです。※49

■ 焼身抗議に対する国際社会の反応

チベット人の焼身抗議、チベット本土に暮らすチベット人の声は、チベット亡命政権、活動家グループ、国際人権団体、支援団体などにより世界に伝えられている。そのすべてが、世界中の政府が中国政府に対し多角的な介入を行うことを求めるものだ。

2012年のアメリカ国務省の中国に関する人権報告書（香港、マカオ、チベットを含む）では、チベットの人権状況が、「平和的な抗議活動を行うチベット人への武力行使、無差別発砲、ダライ・ラマへの支持を表明したチベット人の任意逮捕による差別・弾圧政策」によって悪化していると述べられている。※50

　2011年、国連の拷問に関する委員会は、中国政府の政策が、チベット語と仏教の習慣の喪失につながっていると述べている。2008年、女性の権利に関する国連特使は、チベット人女性に対して行われている強制中絶・不妊手術について報告している。2010年、食糧に関する国連特使は、過剰なダム建設や歯止めない採掘に代表される開発プロジェクトのために、チベット人の「農地が押収」され、「チベット人遊牧民が草原から追放」されていると報告している。[※51]

　2012年11月2日、国連人権高等弁務官ナビ・ピレイは、チベット人の焼身抗議について初めて言及し、中国政府に対し、チベット人の人権を尊重することと、国連職員や海外メディアが規制なくチベットにアクセスできるようにすることを求めた。[※52]

　2013年6月1日、焼身抗議が前例のない数で起きている最中に中国政府に対して何もできない国連について問われたナビ・ピレイは、「チベットが今必要としているのは政治的な解決です。チベット人の苦しみは、その原因が究明されなければなりません。見過ごされたり、弾圧がさらに強まったりすることはあってはなりません」と述べた。[※53] また、28以上の政府が焼身抗議についてコメントしている。

　2009年以降、焼身抗議について一貫して最も声を大にして関わってきた政府がアメリカ政府である。アメリカのジム・マクガバーン議員は、2012年8月13日、フランク R. ウルフ議員とともに作成した声明を自身の公式サイトに掲載した。声明には、チベットの危機に関する国際会議をアメリカ政府がリードする必要性、チベットへの多角的な関与の必要性が記されていた。[※54] 二人は、アメリカ国務省に対し、「チベットの危機的状況を変えるべく、強く、組織された、目に見える形の国際的な外交ステップを踏む」よう求めた。[※55]

新華網によると、中国政府は、アメリカ政府の言い分を「内政干渉」※56 と見ており、内政干渉を続ければ負の結末が待ち受けていると警告している。

■ 結論

　老若男女を問わず多くのチベット人が焼身抗議する。貴重な自分の命を犠牲にして。家族を危険に晒して。何故か？

　中国政府は、ダライ・ラマ法王やチベット亡命政権が「焼身抗議を扇動、画策」していると非難する。

　チベット亡命政権ロブサン・センゲ首相は、焼身抗議の原因がチベットにおける中国政府の弾圧政策にあると語る。「焼身抗議者が訴えているのは中国政府のチベット統治への非難であり、チベットを変革するため、緊急の介入を求めるための政治的なメッセージ」だとロブサン・センゲ首相は述べている。

　宗教が弾圧される。先祖代々の土地で周辺に追いやられ、二流市民となる。貧しき者は搾取される。環境も破壊される。差別政策が行われ、チベット語の使用が規制される。これらが、60年に及ぶ中国政府のチベット統治の実態だ。中国政府のチベット政策は失敗を繰り返している。チベット人の訴えを無視し続けているからだ。中国政府は帝国主義のやり方をチベットに持ち込み、植民地の支配者としての立場を築いている。

　中国政府の過酷な統治に、チベット人は抗ってきた。ゆるぎないダライ・ラマ法王への信頼を示してきた。チベット亡命政権との団結を示してきた。

　中国政府は、ダライ・ラマ法王の地位を失墜させるべく様々なキャンペーンを行ってきた。チベット人に対し、ダライ・ラマ法王を非難するよう強要してきた。しかし、これにより、ダライ・ラマ法王のいないチベットの空虚さをチベット人は改めて感じることになる。そして、人々は、ダライ・ラマ法王のチベットへの帰還を求めるのだ。あらゆる焼身抗議者が、ダライ・ラマ法王のチベットへの帰還とチベットの自由を求めてきた。

　チベット本土に暮らすチベット人にとって、ダライ・ラマ法王はチベット文化の中心であり、チベットの自由の象徴なのだ。ダライ・ラマ法王への崇高な想いは揺らぐことはない。中国政府がチベット人を中華文化に同化させ、チベット語とアイデンティティを奪おうとすることで、中国当局への不信感が増幅さ

れる。漢人が大量にチベットに流入することで、チベット人は先祖代々の土地で少数派となり、権利を奪われ、周辺部に追いやられる。重要な教育の場でも、チベット人は差別的に高額な授業料を要求される。また、地方では、設備も十分ではない。

　焼身抗議が相次ぐ最中も、チベットの伝統的な指導者、僧侶、仏教の教師は、シンプルに生き、命と環境を大事にするようにと説く。不確実で先が見えない時代に、チベット人のアイデンティティと団結を育み、仏教を通じた絆を強めるように諭している。

　この点で、中国政府はジレンマを抱えることになる。チベットは支配できても、チベット人の心は支配できないのだ。焼身抗議者がそうしたメッセージを発している。中国政府は焼身抗議を防ごうとしている。しかし、そのやり方は、完全な検閲を敷き、焼身抗議者を犯罪者とするものだ。これにより、焼身抗議の状況はさらに悪化している。

　焼身抗議のペースは減っていない。この９年間チベット中に広がった炎が世界中の人々の目に留まったことだろう。

　チベット亡命政権が考える焼身抗議を止める方法は、中国政府がチベット人の真の訴えに耳を傾け、解決することだ。炎に包まれた人々の体が灰に変わるまでの僅かな時間に届けられたメッセージは、チベットの自由、そして、ダライ・ラマ法王のチベットへの帰還なのだ。

第2章
チベットの歴史

■ はじめに

　1949年から1950年にかけて中国人民解放軍がチベットを侵攻した際、チベットは独立国であった。主権国家への侵攻であり、国際法違反であった。現在、中国政府は数十万の兵士を使ってチベットを統治している。国際法違反であり、チベット人の人権が侵害されている。

　中国政府はチベットの「所有」権を主張する。1949年から1950年にかけての侵攻の結果の所有権を主張しているのではない。1951年にチベットと結んだ17か条協定に基づいた所有権でもない。中国の主張は、歴史的にチベットは中国の一部であったというものだ。

　中国政府がチベットの所有権の拠り所としているのは、主に元や清の時代の統治者とチベットの僧侶との関係である。中国政府は、その中でも、清朝の時代を重要視している。18世紀、清は、中国全土を支配し、その政治的影響力を、東ヨーロッパ、中央アジアにまで広げた。チベットもこれに含まれる。

　歴史上、チベットが外国の影響下に置かれた時期があることは議論の余地がない。モンゴル、ゴルカ、ネパール、清、イギリス領インドなどがチベットをその影響下に置いた時期がある。逆に、チベットが外国を影響下に置いた時期もある。これには、中国も含まれる。歴史上、他国の影響下に一度も入ったこ

とのない国はほとんどない。チベットの場合、外国の影響下に入った程度と期間は限定的だ。モンゴル人、漢人、満州人の国家が、チベットを政治的に自国に取り込もうとした時期はごく短期間に限られる。

　　古代チベットの歴史がいかに素晴らしいものであったにせよ、中国による侵攻時点の状況は、現代史の枠組みの中で判断されなければならないのはもちろんだ。特に、漢人が満州人から主権を取り戻した1911年以降の関係が重要だ。すべての国が領土を主張する際に過去の都合のいい時点の歴史を使うことができる。しかし、これは、国際法・慣習の下、受け入れられない主張だ。

　　国際法律家委員会のチベットに関する法的調査委員会は、チベットの法的状況について以下のように報告している。

1913年から1950年にかけて、チベットは国家の体をなしていたことが、国際法の下、概ね認められる。

1950年時点で、国民と領土が存在し、領土内で政府が機能し、外国の影響を受けない状況で内政が行われている。

1913〜1950年のチベットの外交は、
専らチベット政府によって行われており、
チベットと外交関係のあった国の公文書を見ると、
チベットが事実上の独立国であったことがわかる。※57

　　40年に及ぶ独立は、国際社会から独立国と見なされるのに十分な期間だ。今日の国連加盟国の中にも同程度あるいはそれより短い独立期間の国がある。しかし、チベットの場合、中国政府がその「所有権」を主張するために、歴史が選択的に書き換えられている。

■ 初期の歴史

　チベットの年代記には、紀元前127年にチベットの初代の王が統治を開始したとある。しかし、チベットが統一国家の体をなして歴史に登場するのは、7世紀、ソンツェン・ガンポの時代である。7世紀、政治的・軍事的に優位であったチベットは、領土の拡大を開始し、それは3世紀にわたって続いた。ネパールの王や中国の皇帝は娘をチベットの皇帝と結婚させた。この婚姻は、仏教の普及拡大という意味で特に重要であった。中国政府のプロパガンダでは、ソンツェン・ガンポが唐の文成公主と結婚したことに政治的な意味があるとしているが、これは、ソンツェン・ガンポに他の妻がいたことを無視した見解である。とりわけ、ソンツェン・ガンポの第一夫人であったネパール王妃ティツンの影響力は文成公主より大きかった。

　ティソン・デツェン（在位755〜797年）の代になると、チベットは唐の一部を征服し、領土を拡大した。763年には、唐の都長安に達し、その後、唐の皇帝は毎年チベットに貢物を送らなければならなくなった。783年には、チベットと唐の国境を決める条約が締結された。チベットのラサのポタラ宮前にある碑文には、唐の一部を征服した様子が記されている。

　821年、新たな平和条約がチベットと唐の間で結ばれ、国境が定められた。条文は、ラサのジョカン僧院前の石碑に刻まれた。この条約は、アジアにチベットと唐の二大国が存在したことを示している。条文は、チベット語と中国語で書かれ、3つの石碑に刻まれた。ひとつめの石碑はグング・メルに置かれ、両国の国境を示した。ふたつめは、ラサに今なお建っている。みっつめは、長安に建てられた。石碑には次のように記されている。

チベットと唐は今統治している場所までを国土とする。
国境の東側は唐に、西側はチベットに帰属する。

今後、両国は戦争を起こして、領土を侵略してはならない。

中国政府はこの出来事を以下のように解釈している。

両国王室の結婚と同盟を通じて、
チベットと中国は、政治的友好・血縁関係を強め、
密接な経済・文化関係を築き、
究極の統一国家建国のための強固な基盤を築いた。

この中国政府の解釈は、中国の歴史的記録ともチベットの歴史的記録とも矛盾する。全国人民代表大会常務委員をつとめていた故ンガボ・ンガワン・ジグメは、1989年、次のようなスピーチを行っている。

チベットは古くから中国の一部であったという歴史家がいます。
ソンツェン・ガンポの婚姻を通じて中国の一部になった
という歴史家もいます。

しかし、私の見解はどちらでもありません。

「古くから」というのはいつのことなのかわかりません。

また、ソンツェン・ガンポの時代からチベットが
中国の一部なのだとしたら、
ソンツェン・ガンポの第一夫人がネパール王妃であることから、
チベットはネパールの一部になるはずです。

この点をどう説明するのでしょうか？

　上海の復旦大学の葛剣雄教授は、2007年に『China Review』で以下のように記している。

1912年の中華民国建国から、中国という国名が公式な国名となった。
これ以前には、中国という概念は明確に規定されていない。

チベットは、唐の時代には独立した主権国家であった。

　9世紀半ば、チベットは、いくつかの地方国家に分裂した。分裂した国家は、インドおよびネパールとの関係を重視した。そして、インド・ネパールの宗教・文化的な影響を受けた結果、チベットには、宗教的・知的ルネッサンスが花開いた。

■　モンゴル帝国との関係（1240〜1350）

　モンゴル帝国の皇帝チンギス・ハンとその後継者は、アジアとヨーロッパの広大な地域を征服し、史上例のない大帝国を築き上げた。1207年、北チベットにあったタングート部は、侵攻してくるモンゴル軍に屈した。1271年、モンゴル帝国の東部を支配領域とする元朝が成立した。1279年、元は南宋を滅ぼし、元の中国全土に及ぶ支配が確立した。今日、中国は、元が中国の王朝であったとする立場を取っている。そして、元の全支配領域、少なくともモンゴル帝国の東半分が中国の領土であると主張している。

　1240年、チンギス・ハンの孫コデン・ハンがチベットに軍を送り、チベットの高僧サキャ・パンディタ・クンガ・ギャルツェン（1182〜1251）を兵舎

に招いた。これが、チベットとモンゴルの長きにわたるチュ・ユンの関係（寺と檀家の関係。チベットが寺、モンゴルが檀家に相当する）始まりである。ゴダン・ハンの後を継いだフビライ・ハンはチベット仏教を保護し、サキャ・パンディタの孫にあたるパクパを自身の精神的指導者として任命した。

　チュ・ユンの関係はその後も続き、フビライは仏教を国教とし、パクパは仏教の最高権威となった。フビライはパクパに謝意を示し、1254年、パクパに様々な称号を授与し、チベット全土の政治的統治権を与えた。

　初期のチュ・ユンの関係の後、同様の関係が、モンゴル王とチベットの貴族・僧侶との間でも結ばれた。この独特の関係は、清朝と歴代ダライ・ラマの間にも引き継がれる。チュ・ユンの関係は、檀家が僧侶に帰依することに基づく純粋に個人的な関係である。そして、檀家側の政治的地位が変わっても、その関係は維持された。このことは、チュ・ユンの関係が元朝滅亡後も存続したことから明らかである。

　チュ・ユンの関係の基本にあるのは、忠誠ではなく、仏教の指導に対する見返りとしての僧侶の保護である。しかし、重要な政治的側面を持ったチュ・ユンの関係もあり、僧侶や僧院を守るべく、皇帝側が軍事的支援を行うこともあった。皇帝側は仏教の生徒・帰依者という立場であり、皇帝側が優位な立場というわけではなかった。

　仏教が元の国教となり、パクパが仏教の最高権威となった時代のモンゴルとチベットの関係は、相互依存という言葉で表現するのが最適だ。世界皇帝と仏教の指導者が平等に相互依存をし、政教の最高権威が形作られたのである。仏教の指導者が皇帝に保護とチベット統治のための支援を求め、皇帝側はモンゴル帝国を統治する合法性を仏教の指導者に求めた。

モンゴル皇帝がチベット全土に影響を広げたことは否定できない。しかし、どのモンゴルの統治者もチベットを直接統治しようとはしなかった。チベット側はモンゴルに納税をしたこともなく、モンゴル側から中国の一部と見なされたこともない。

1350年、チベットはモンゴルとの政治的関係を絶った。チベット王チャンチュブ・ギャルツェン（在位1350〜1364年）が、パクパの流れを継ぐサキャ派の僧侶をチベットの最高統治者としてモンゴルから呼び戻したのだ。チャンチュブ・ギャルツェンはチベットの統治システムからモンゴルの影響を排除し、新たなチベット式のシステムを導入した。チャンチュブ・ギャルツェンは、「15か条の法典」を施行し、刑法を整備した。この18年後、漢人はモンゴルからの独立を手にし、明朝を打ち立てることになる。

■ 明との関係（1368〜1644）

モンゴル皇帝とチベットの関係は、元の中国征服以前から始まり、元の滅亡以前に終了している。したがって、チベットとの関係において、明が元から引き継いだものはない。しかし、モンゴルのハンは、元の滅亡後も、主にチュ・ユンの関係の下、チベットとの宗教的・文化的結びつきを維持した。

チベットと明の関係は断続的なものであり、チベット僧が個人的に様々な中国の僧院、ときにはライバル関係にある僧院を訪ね、明の皇帝から名誉ある称号や贈答品を受け取る程度であった。チベット僧が明を訪ねたことは、15〜17世紀のチベットの歴史書に記録がある。しかし、チベットが明に従属したり支配されたりした記録はない。

インディアナ大学中央ユーラシア学部の故エリオット・スパーリン教授は次

のように記している。

> 称号が授与されたことを検証すると、
> 称号を受けた側の僧侶が、称号を授与される前から、
> チベット内で権力や影響力を持っていたことがわかる。

> 称号の授与は、権力を授けるためのものではなく、
> すでに持っていた権力を認めるためのものであり、
> ある国が別の国の個人に授与する性質のものと見なすべきだ。※58

　1350年から、チベットはパクモドゥ派が統治し、1481年には、リンプン派が統治した。1408年、パクモドゥ派の王ダクパ・ギャルツェンは、明の皇帝からの招待を拒否している。このことは、当時のチベットには主権が存在したことを示している。1565年から、ダライ・ラマ5世が権力を握る1642年（明滅亡の2年前）まで、ツァン派の王がチベットを統治した。チベットの統治者と明の皇帝の間にはときおり外交関係が存在したが、明がチベットを統治したり、影響力を及ぼすことはなかった。

　1644年、明は、異民族の侵攻により滅亡する。明を滅ぼした満州人は、現在の中国の領域を中心とする大帝国を築き上げた。清朝の誕生である。

■　清との関係（1639〜1911）

　1642年、ダライ・ラマ5世は、自身の信奉者であったモンゴルのグシ・ハンの力を借りて、統一チベットの政治・宗教の最高指導者となった。それ以降、チベット人はダライ・ラマ5世を「最高の統治者」と呼び、その統治と威信はチベットの国境を越えて広がった。

1639年、ダライ・ラマが政治的権力を手にする前、清の樹立の前のことになるが、満州の太宗ホンタイジが、ダライ・ラマ5世を都ムクデンに招いた。ダライ・ラマ5世は個人的に招待を受けることができず、特使を派遣した。特使は、ホンタイジから大変な敬意をもって迎えられた。そして、ダライ・ラマと満州の間にもチュ・ユンの関係が樹立された。

　モンゴル皇帝とのチュ・ユンの関係の場合もそうであったように、満州の皇帝とのチュ・ユンの関係に中国は関与していない。オーエン・ラティモアは清について、「実際に存在したのは清であり、中国は清の一部に過ぎなかった」と述べている。※59

　現在の中国の領域を手中に収めた清の順治帝は、ダライ・ラマ5世を首都北京へと招いた。その歓迎ぶりは前例のないもので、順治帝自らが北京から4日かかる場所まで出向き、ダライ・ラマ5世を出迎えた。この訪問について、アメリカ人研究者で、中国で外交官を務めた経験もあるW. W. ロックヒルは次のように述べている。

　ダライ・ラマは、独立した主権国家の長と同様のあらゆる儀式を受けた。

　当時、ダライ・ラマにはモンゴルのグシ・ハンの軍事力が背後にあり、全モンゴル人もダライ・ラマを信奉していた。

　ダライ・ラマの力に清側が異を唱えることはなかった。※60

　このとき、ダライ・ラマ5世と順治帝は、前例のない高い称号を互いに贈り合った。チュ・ユンの関係も再確認された。清の時代を通して、チベットと清の皇帝の関係は、公式にチュ・ユンの関係が基盤になっていた。チベットに侵攻したモンゴルのジュンガル部を、チベットの要請に基づいて、清の康熙帝が

派兵して追い返したこともあった。1720年には、新たに発見されたダライ・ラマ7世をチベットのラサまで送り届けたこともあった。

　18世紀、上記の件を別にして、清はチベットに3度派兵している。1792年は、チベットに侵攻したネパール・ゴルカ軍からチベットを守るためのものであった。1728年と1751年は、チベットの内戦からの復興のためのものであった。これらの派兵はチベット側の要請、チュ・ユンの関係によるものであった。チベットが危機を迎えていたこの時代、清はチベットに影響力を及ぼすことにある程度成功した。しかし、その後、清の影響力は急速に後退し、カシミールによる侵攻（1841～1842年）、ネパールによる侵攻（1855～1856年）、イギリス領インドによる侵攻（1903～1904年）の際、清はチベットを助けることができなかった。そして、19世紀半ばまでに、清の皇帝とアンバン（駐チベット大臣）の役割は有名無実化する。

　今日、中国政府が注目しているのは、清の乾隆帝の時代の通称29か条の布告と1793年のチベットに関する規制、アンバンの任命である。中国政府は、この「規制」が、乾隆帝からの命令で、清によるチベット統治を証明するものだと捉えている。実際のところ、29か条の布告は、ネパールとの戦争後のチベット政府に対する改善案であった。また、アンバンは、総督や行政官ではなく、清の国益のため、そして、ダライ・ラマを守るために任命された事実上の大使であった。

　1792年、チベットとネパールの間の行き違い（ネパール商人がチベットで殺害された後の対応をめぐる争い）の後、ネパールのゴルカ朝がチベットに侵攻し、ダライ・ラマは清に助けを求めた。乾隆帝はゴルカ朝を追い出すために大軍を送り、チベットとネパールの平和条約調印の仲裁をした。乾隆帝がチベット側から派兵を求められたのは4度目であり、これ以降チベットが戦争に巻き込まれ清側に派兵要請が来ることがないよう、チベットの内政に発言権を残したい

と乾隆帝は考えた。

「規制」は、統治する家臣への命令ではなく、保護者としての文脈で書かれた提案である。このことは、清の特使で、軍の司令官でもあった福康安がダライ・ラマ8世に向けた声明から明確にわかる。

皇帝は私に詳細な指示を出されました。
すべての項目について一つ一つ長い時間をとって指示されました。

これは、チベットに損害が出ることなく、
幸福が永続するようにとの皇帝の想いから来るものです。

清の皇帝に謝意を示して、ダライ・ラマが議論の末、
すべての提案を承諾するのは間違いないでしょう。

しかし、チベット側が古い習慣を捨てられないと主張するのであれば、
軍の撤退に続き、アンバンと守衛隊も撤退することになるでしょう。
さらに、今後同様の出来事が起きても、
皇帝は関知なさらないことでしょう。

それ故、チベット人は、何が自分達にとって好ましいか、
何が重要なのかを考え、自身で判断すればよいのです。※61

チベット側は、乾隆帝の29か条の提案のすべてを承認したり拒絶したりすることはなく、恩恵がある部分についてのみ採用し、不適切と考えられるものは無視した。パンチェン・ラマ9世ツブテン・チューキ・ニマ（ダライ・ラマに次ぐチベット仏教第2位の高僧）は次のように述べている。

清の政策がチベット人の考え方に合うのであれば、
アンバンの助言を受け入れます。

しかし、助言がチベット人に不利益をもたらすものであれば、
清の皇帝はチベットにおける影響力を失うことになるでしょう。[62]

　29か条の布告の中で最も重要だった提案は、ダライ・ラマとパンチェン・ラマを含む転生者を金瓶掣籤（金の壺にいれたくじ）で選ぶというものであった。しかし、この重要な任務はチベット政府と高僧が責任を持って行うべきものであり、乾隆帝の提案は受け入れられず、伝統的な儀式に則って転生者を選ぶことになった。金瓶掣籤による転生者選定のプロセスは、ダライ・ラマ11世の場合にそうであったように、部分的に使われることはあったが、ダライ・ラマ9世の選定の際のように、使われないことも多かった。伝統的な選定プロセスが主流だったのだ。

　「布告」のもうひとつの重要なポイントがアンバンの役割だ。アンバンはときに大使のようであったが、ときに保護領の住人のようでもあった。1903年にアンバンのユタイがインドの外務大臣モーティマー・デュランドに対して行った説明が最も的を射ている。

アンバンはラサの主人ではなく、客人なのです。
本当の主人を脇に置くわけにはいきません。

力というようなものは持っていないのです。[63]

　19世紀半ばにラサに滞在したラザリスト会の伝道師ユックとガベは、アンバンの立場について以下のように記している。

チベット政府をローマ法王の立場とするなら、
中国人大使はローマ滞在のオーストリア大使だ。 ※64

　ここで、「中国人大使」という表記はよくある間違いである。清の皇帝は、中国人をアンバンに任命することはなく、満州人かモンゴル人を注意深く選んでいた。このことは、アンバンの任命がチュ・ユンの関係の延長線上にあるものであり、チュ・ユンの関係に中国人は関わっていないことを示している。

　1908年、チベットは清から前例のない侵攻を受けた。これが、チベットと清の関係のターニングポイントとなった。これ以前の清の派兵は、ダライ・ラマもしくはチベット政府からの要請によるものであった。しかし、このときは、チベットへの影響力を強めるイギリスを排除するのが目的であった。清は武力でチベットの統治権を確立しようとしたのだ。その2年後、ダライ・ラマ13世は隣国インドに亡命した。しかし、清によるチベット統治は長くは続かなかった。そして、1910年、清がダライ・ラマ13世を退位させようとすると、ダライ・ラマ13世はチュ・ユンの関係の終結を宣言した。保護者であるはずの清が、保護すべき対象であったダライ・ラマを攻撃したことで、両者の関係は根底から崩れてしまった。

　清が1912年に滅亡すると、チベットは清の占領軍を降伏させた。同年夏、ネパールがチベットと清を仲介し、「3か条の合意」が結ばれた。そして、清軍は完全降伏し、チベットから撤退した。1913年2月14日、ダライ・ラマ13世はラサに帰還し、チベットの独立を再確認する宣言を出した。

■ 中華民国との関係（1912～1949）

　この時期の中国の立場は曖昧である。国民党政府は、自身の憲法の中で、そして、外国とのやり取りの中で、チベットは中国の一州であり、チベット人は中国の５民族の１つだと一方的に宣言した。一方、チベット政府との公式なやり取りの中では、チベットは中国の一部ではないと認めている。中華民国の総統は、ダライ・ラマとチベット政府に向けて、書簡や特使を繰り返し送り、チベットの中華民国への「参加」を呼び掛けた。同様のメッセージは、ネパール政府に対しても送られている。そして、チベットもネパールも一貫して中華民国への参加を拒否している。

　中華民国の袁世凱大総統から送られた最初の書簡を受け、ダライ・ラマ13世は、「過去の不当性から中国政府を承認できない」と、礼儀正しく、しかし、確固たる信念を持って説明し、中華民国への参加を拒否した。

> 中華民国は樹立したばかりであり、国家基盤が強いとは言えません。
> 大総統は国内の秩序維持にエネルギーを注ぐ必要があります。
>
> チベットは、特に何もしなくても、今の状況を維持してくことができます。
>
> 大総統に遠く離れたチベットのことを
> ご心配いただく必要はございません。※65

　また、チベットの独立および中国から返還されるべき国境地域の土地ついて、ダライ・ラマ13世は次のように述べている。

長く続いたチュ・ユンの関係の下、チベットは独立を享受してきました。
この状況を維持したいと考えています。

チベットが失った土地が返却されれば、
長期にわたる安定が訪れるでしょう。※66

　1934年に黄慕松将軍が、1940年には呉忠信が特使としてチベットに派遣されているが、両名に対し、チベット政府は、チベットはもともと独立国であり、これからも独立を維持したい旨を明確に示している。ダライ・ラマ13世が1933年に崩御した後、レティン・リンポチェが摂政に任命されたが、この際、黄慕松がレティン・リンポチェの任命に関与したと、中国政府は主張している。しかし、実際は、中華民国政府の関与も、その特使の関与もなかったのである。黄慕松は、1911年以降で、公務でチベット入りを許可された最初の中国人であったが、黄慕松がチベット入りを許可されたのは、ダライ・ラマ13世の弔問のためであった。ダライ・ラマの弔問に訪れる人物をチベット人は拒まない。しかし、黄慕松がラサに到着したのは1934年4月のことであり、それは、レティン・リンポチェが摂政に任命されてから3か月後のことであった。よって、黄慕松がレティン・リンポチェの摂政任命に関わったということはありえない。

　中国政府の主張では、1931年と1946年に南京で行われた国民議会にチベット政府の役人が派遣されたという。実のところ、1931年、ダライ・ラマ13世に任命されたケンポ・クンチョク・ジュンネイが南京に送られているが、これは、南京に連絡事務所を開設し、中華民国政府との連絡を維持するためであった。1946年の場合、チベットの特使は、デリーと南京に送られている。これは、イギリス、アメリカ、中国に対し、第二次世界大戦の勝利を祝福するためであった。特使は、国民議会に参加する指示を受けていなかったし、参加する権限もなかった。1959年8月29日、ダライ・ラマ14世は、国際法律家委員会の法的

調査委員会に次のように語っている。

南京に派遣されたチベットの特使は、
国民議会に参加するための公式な役割を持っていませんでした。

中華民国政府のプロパガンダがチベット政府にも伝わってきた結果、
特使は国民議会に参加しないよう電報で指示されたのです。

　チベットが1911年から1951年にかけて独立国家であったことは、最後の駐チベット事務所所長であった沈宗濂によって実証されている。沈宗濂は、1948年にチベットを去る際、「1911年以降、チベット政府は、事実上、独立を享受していた」と述べている。※67

■　イギリス領インドとの関係（1857～1947）

　19世紀末以降、イギリスはチベットとの貿易に強い関心を持つようになった。すべてのヒマラヤにある国家がチベットと密接な関係を持っており、そうした国々が条約や合意を通じてイギリス領インドと次第に結びつきを持っていく状況の中で、チベットは、接近するイギリスに抵抗しなければ、独立を失うのではないかと懸念した。

　ダライ・ラマ13世は、チベットの独立を維持する方向に舵を取った。ロシアがチベットに進出し、中央アジアのパワーバランスが崩れることを何よりも恐れていたイギリスは、ダライ・ラマ13世の方針に苛立っていた。チベットと効果的な意思疎通ができなかったイギリスは、チベットを協力させるために清に接触した。そして、チベットのあずかり知らぬところで、イギリスと清は、1890年と1893年にチベットに関する条項を含む条約を締結した。チベッ

ト政府は、これを、清の権限踰越であるとして拒絶した。これを受け、1903年、イギリスはチベットに侵攻した。このとき、清はチベットを助けるために派兵を行わなかった。アンバンのユタイが記しているように、チベット政府の行動に対する責任を清は拒否したのだ。それから１年もたたないうちに、イギリスはチベットとラサ条約を締結し、イギリス軍は撤退した。

　ラサ条約の条項は、内政・外交の両面にわたり、チベットが主権国家であることが前提となっていた。そうでなければ、条約に記された内容をチベット側がイギリス側に合法的に実施することができなかったはずである。ラサ条約には、清とチベットの特別な関係については記載がなかった。このことは、チベットが外国の影響を受けずに、自身で条約を締結することができる国家であることを、イギリスが認識したことを示している。

　イギリスは清にも協力を求めるべく、1906年に北京条約を締結した。この条約も、チベット側があずかり知らぬ状況で締結された。北京条約と1907年に締結された英露協商によって、イギリスがチベットに影響力を持つことが認められ、同時に、清によるチベットの「宗主権」が導入された。これらは、チベットにとっても清にとっても受け入れられる内容ではなかった。

　1908年、清はチベットに侵攻し、イギリスは再度、清との間に条約を締結した。この条約はチベットとの貿易に関するものであったが、この条約にチベットが参加することはできなかった。

　イギリスが導入した「宗主権」については、インド総督であったカーゾン卿が次のように説明している。

　チベットに対する清の宗主権は、条約上の虚構です。
　両国にとって都合のいい政治上の見せかけの言葉です。

実際のところ、ラサに駐在していたアンバン二人は、
総督ではなく、大使でした。[68]

■　外交と軍事的脅威

　1947年にインドが独立すると、ラサにあったイギリス大使館およびチベット
との条約はインドによって引き継がれた。インドがチベットを国として認めて
いたことは、インド政府がチベット外務省にあてた公式文書から明らかである。

　今後新たな合意が締結されない限り現在の関係を継続したいという
チベット側の意向を確認できたことをインド政府は歓迎します。

　これは、インドがイギリスから引き継いだ条約と
関係している国々に行っていただいている手続きです。[69]

　中国では、中国共産党が国民党に勝利し、1949年10月1日に中華人民共和
国が建国された。北京放送は、「人民解放軍は、中国全土を解放しなければな
らない。チベット、新疆、海南島、台湾も例外ではない」と放送した。この脅
迫に対応するため、そして、長きにわたって続く中国との国境問題を解決する
ため、1949年11月2日、チベット外務省は毛沢東に書簡をあて、すべての国
境問題を解決するための交渉を提案した。この書簡の写しは、インド、イギリ
ス、アメリカにも送られた。これらの3か国は、共産主義の拡大が南アジアの
安定に対する脅威になると考えており、3か国は、チベットに対し、中国政府
と直接交渉するよう助言した。他の対応をとると軍事的報復を受ける可能性が
あったためだ。

　チベット政府は、ツェポン・シャカパとツェチャク・トゥブテン・ギャルポ

の両名を中国政府との交渉役として派遣することに決めた。交渉の場所は、可能であれば、ソ連、シンガポール、香港が想定されていた。これらの国の役人であれば、チベット外務省が中国政府にあてた書簡の内容や、「チベットを解放する」というラジオ放送について、中国政府に問題提起してくれると想定されたからだ。また、チベットの領土が侵害されないこと、中国による干渉をチベット側が容認しないことを、これらの国が保証してくれる期待もあった。

　チベット使節がデリーで香港行きのビザを申請すると、中国側は、新しい駐印中国大使がまもなくデリーに赴任するので、大使を通じて交渉を開始してほしいと連絡してきた。袁仲賢大使は、チベット使節に対し、次の2項目を要求した。

　1.　チベットの国防は中国が行うこと
　2.　チベットは中国の一部と認めること

　そして、この要求に対する合意を中国政府に伝えるようチベット使節は求められた。

　中国側の要求を知らされたチベット政府は、使節に対し、要求を拒絶するよう指示した。そして、交渉は一時中断した。

　1950年10月7日、王其梅政治委員率いる4万の中国軍が東チベットのチャムドを八方から攻撃した。チベット側は正規軍と義勇兵合わせて8000しかおらず、敗北を喫した。そして、その2日後、チャムドは陥落し、州知事ンガポ・ンガワン・ジグメが捕らえられた。命を落としたチベット兵は4000人にのぼった。

　中国軍によるチベットの攻撃は、インド政府に衝撃を与えた。1950年10月26日、インド外務省は中国政府に対し、厳しい通達を送った。

中国政府がチベット侵略を命じた状況で、
平和的な交渉は同時並行できません。

交渉の場が脅迫の場になるのではないかと
チベット側が懸念するのは当然のことです。

現在の世界の動きの中で、中国軍によるチベット侵攻は遺憾であります。

インド政府は、これが、中国の利益にも平和にも寄与しないと判断します。

アメリカ、イギリスを含む多くの国がインドの立場への支持を表明した。

　1950年11月、チベット国民議会が緊急会議を招集し、当時15歳であったダライ・ラマ14世に、国家の全権を担うよう求めた。また、ダライ・ラマは、自身の安全のため、ラサからインド国境に近いドモに移動するよう要請された。同時に、チベット外務省は次のような声明を出した。

チベットは、全権を引き継いだダライ・ラマの下に団結します。
正当性のない中国側の攻撃に対する平和的介入を世界に求めます。

　1950年11月7日、チベット政府は国連事務総長に書簡を送り、世界の介入を求めた。

中国軍の進軍に対し、チベットは抵抗することはできません。
中国政府と友好的な交渉をすることで、チベット側は合意しました。

平和を追求してきたわが国が
戦闘訓練を受けた軍に抵抗できる可能性はほとんどありません。

国連が、中国軍のあらゆる攻撃を止めてくださることを希望します。

　1950年11月17日、エルサルバドル政府が、中国のチベットに対する攻撃を、国連総会の議題にするよう公式に求めた。しかし、チベット、インド、中国の３か国で相互にメリットのある平和的解決が可能であるとインド代表が提案し、チベットに対する攻撃が国連総会の議題に上がることはなかった。1950年12月８日、チベットは国連に二度目の書簡を送ったが、状況は変わらなかった。

　チベット東部・北部が軍事占領される状況に直面し、チベット軍の小規模部隊は敗北し、数十万の中国人民解放軍が中央チベットに近付きつつあった。国際社会からの積極的な支援も得られなかった。このような状況の中、ダライ・ラマとチベット政府は、交渉のため、北京に特使を送ることに決めた。

■　17か条協定

　1951年４月、チベット政府は、ンガポ・ンガワン・ジグメ大臣率いる５人の使節を北京に派遣した。チベット政府は、使節に対し、チベット側の立場を伝え、中国側の立場を聞く権限を授けた。

「17か条協定の調印式」（1951年５月23日）

中国側はチベット使節が「全権」を持っていたと主張するが、使節は条約を結ぶような全権は与えられていなかった。重要事項については、チベット政府に

伝えるよう指示されていたのだ。

　4月29日、中国使節が「協定」案を提示することで交渉が始まった。チベット使節が協定案を拒否すると、中国使節は協定案を修正したが、それもチベット側にとっては受け入れられるものではなかった。この段階で、中国使節の李維漢と張経武は、この時点の協定案が最終のものだと主張した。チベット使節は激しい侮辱的な言葉を浴びせられ、肉体的に暴行するという脅しを受け、事実上の囚人の状態であった。それ以上の議論は認められなかった。チベット政府に連絡を取って指示を仰ぐこともできなかった。そして、自身の責任で「協定」にサインするか、ラサへの即時進軍を認めるかの苦渋の選択を迫られた。

　1951年5月23日、中国使節の強烈な圧力を受けたチベット使節は、チベット政府に連絡を取ることができないまま、「中央人民政府とチベット地方政府のチベット平和的解放に関する協定」にサインした。チベット使節は、このサインは個人的な職責の範囲で行うものであり、ダライ・ラマとチベット政府が「協定」に縛られることはないと警告した。しかし、中国政府は調印式を行い、「チベットの平和的解放のための協定」が締結されたと世界に発表した。また、協定を本物に見せるため、中国政府はチベット側の印まで偽造した。

　「17か条協定」として知られることになる協定の全文が、1951年5月27日、北京放送で放送された。この破壊的な協定をダライ・ラマとチベット政府が知ったのは、このときであった。当時ダライ・ラマが滞在していたドモとラサは、衝撃と不信に包まれた。

　チベット政府は、北京に滞在中のチベット使節に即時にメッセージを送り、政府の指示を仰がずに「協定」にサインしたことを叱責した。使節団は、署名した合意書をチベット政府に送り、次の指示があるまで北京で待機するよう命じられた。その間、使節団はチベット政府に電報を送り、中国使節の代表張経

武将軍がインド経由でドモに向かっていることを伝えた。また、チベット使節の一部がインド経由でチベットに戻り、ンガポ・ンガワン・ジグメは直接ラサに戻ることも伝えた。

ダライ・ラマとチベット政府は、「協定」を公に拒否することは控えた。1951年8月17日、ダライ・ラマはラサに戻り、中国政府とより条件の良い協定を結ぶべく再交渉したいと考えていた。

1951年9月9日、約3千人の中国軍がラサに入った。ほどなくして、東チベットと東トルキスタン（新疆）から約2万人の兵がやって来た。人民解放軍は、主要都市ルトクとガルトクを、次いで、ギャンツェとシガツェを占領した。

ラサを含むチベットの全主要都市を占領した人民解放軍は、東西チベットに大部隊を集中させた。チベットの軍事支配が事実上完成した。この状況下で、中国政府は交渉再開を拒否し、ダライ・ラマは「協定」を受け入れることも拒否することもできなくなった。しかし、インドへの亡命後の1959年6月20日、自由に意見を述べることのできる最初の機会を得たダライ・ラマは、「17か条協定が、軍事力による脅迫の下、チベット政府と国民に押し付けられたものである」とし、公式に拒否した。

「17か条協定」、中国によるチベット支配を評価してみると、2つの主要な問題点が浮き彫りになる。第一に、人民解放軍によるチベット侵攻は国際法違反ではないかという点である。第二に、脅迫を用いて締結された協定が有効かどうかである。

条約を結ぶ際は、当事者間の自由かつ相互の合意が必要で、合意するかどうかを自由に決められることが、条約の妥当性につながるというのが、国際的な原則である。脅迫や武力を用いて結ばれた条約は法的妥当性を欠く。特

に、合意が強制された場合は、無効である。チベットの大部分を手中に収めていた中国は、協定にサインしなければラサに大部隊を向かわせると脅迫した。チベット政府が即時拒否しなかったとしても、合意自体が無効だったのである。ダライ・ラマとチベット政府は合意にサインしなかった。実際、毛沢東は、1952年4月6日、チベット政策のための中国共産党中央委員会で次のように述べている。

二人の首相だけでなく、ダライ・ラマおよびその派閥は、
協定の受諾を渋っており、実行を望んでいない。

私たちは協定を完全実行するための資料的根拠を持っておらず、
協定実施のための民衆の支持を得られる基盤も持っていない。[70]

■ 民族蜂起

　チベット人の中国政府に対する抵抗は、1950年代の侵攻直後から始まった。1956年にかけて、東チベットのカムとアムドでは、チベット軍と中国軍の戦闘が起きた。そして、1959年3月、ラサで民族規模の大規模蜂起が起き、ダライ・ラマと約8万人のチベット人が隣国へ逃れることになった。この蜂起の際、数万人のチベット人が人民解放軍により殺害された。

　中国政府は、この抵抗を、民衆を搾取・弾圧すべく古いシステムを回復しようと目論む少数の不満を持った貴族によるものだと述べている。中国政府は、当時のチベット人の95％が農奴で、少数の貴族や僧侶から残忍な弾圧を受けていたと主張する。しかし、弾圧された農奴がいるのであれば、なぜ主人に対し抵抗しなかったのかという点を中国政府は説明できない。そして、1950年代、チベットの民衆は立ち上がったのだ。中国治安部隊・軍に対する抵抗は今

なお続いている。抗議することは多大な危険を伴うことを知りながら。

　1959年に始まり今なお続いている蜂起やデモに関わったチベット人を見ると、そのほとんどが貴族や僧侶ではないことがわかる。さらに、今日、亡命しているチベット人の85%が、中国政府が「農奴」と主張する人々なのだ。中国政府が主張するような上流階級ではない。

■　1959年の蜂起につながる出来事

　中国軍がラサに到着した後、チベット政府の主権を弱体化させ、中国政府が主権を握るためのあらゆる方策が実施された。これには、３つのやり方があった。第一に、分割統治の方針の下、政治的・地域的な区分けがなされた。第二に、チベット人の意志に反して、社会経済改革が行われた。第三に、中国政府の様々な組織、中国当局の下に位置付けられる新たな政治体制が構築された。

　1950年11月24日から1953年10月19日にかけて、中国政府は、東チベットのカムの大部分を四川省に組み込んだ。カムは、２つのチベット自治州とひとつのチベット自治県に分断された。1957年９月13日には、カム南部のもうひとつの地域がデチェン・チベット自治州とされ、雲南省に組み込まれた。

　チベット北東部のアムドは、カムの一部地域とともに青海省に組み込まれた。アムドの一部地域はンガバ・チベット自治州として四川省に組み込まれ

73

た。残ったアムドの地域は、バイリ・チベット自治県（1950年5月6日）、カンロ・チベット自治州（1953年10月1日）として甘粛省に組み込まれた。

1965年9月9日、中国政府は、中央チベットのウツァンと東チベットのカムの一部地域を、チベット自治区として設立した。

この間、中国政府は、シェルパ、モンパ、ロパ、テンパ、ジャンパのようなチベット系の民族のアイデンティティを奪い、中国の少数民族として再分類した。本人がチベット系民族だと考えているにもかかわらず、である。また、人民解放軍は、チベット人の大麦数千トン

【中国侵攻前のチベット】

【中国侵攻後のチベット（1949年以降）】

を略奪し、チベットは歴史上初めて飢饉に瀕することになった。

チベットの最初の大きな抵抗グループは、ミマン・ツォンドゥという名であった。ミマン・ツォンドゥは自発的に集った人々の集まりで、中国軍の将軍に対し、人民解放軍の撤退とチベットの内政への干渉停止を求める嘆願書を提出し

た。これに対する中国側の対応は迅速であった。中国のチベット統治と17か条協定に反対していた二人のチベットの首相ルカンワとロブサン・タシを辞任させ、ミマン・ツォンドゥの5人の指導者を投獄した。この後、ミマン・ツォンドゥは地下組織となっていった。

　1954年、中国政府の招きに応じて、ダライ・ラマは北京を訪れた。当時、「17か条協定」で保証されていたチベットの「特別」自治権は、中国の新憲法の下、公式に破棄されていた。その後、チベット自治区準備委員会に関する決議が採択された。これは、チベットをさらに深く中国に取り込むことを狙ったものであった。準備委員会は、チベット中央政権として機能することになっていた。ダライ・ラマは議長に据えられたが、何の権限もなかった。

　委員会は無力でした。
　役員にはチベット人が名を連ねていましたが、
　すべての実権は中国人が握っていました。

　実際、すべての基本的政策は、
　中国共産党委員会という別の組織によって決められました。

　その組織にチベット人のメンバーはいませんでした。※71

　1956年、チベット準備委員会が設置され、東チベットのチャムドの総督の管轄下に置かれた地域とともに、タシルンポもラサのチベット政府の管轄から外された。中国側の統治機関にはチベット政府と同等の権限が与えられ、チベット政府の権限は縮小した。東チベットのアムドとカムでは、社会・政治・農業改革が中国政府によって行われた。また、程度は小さいものの、他地域でも改革は行われた。仏教の重要人物や僧院には頻繁に攻撃が行われた。これらの政策はチベット人から反発を受け、その反発は激しくなっていった。

　「17か条協定」では、チベット人に対し、中国共産党政府の改革が強要されないことが保証されていた。しかし、東チベットでは、改革はたちどころに実施された。中国政府の苛立った態度と好戦的な態度は、チベット人の激しい反発を受け、最終的に、武力衝突にまで発展した。戦闘はカムとアムド全土に及んだ。

　戦闘がチベットの他地域にも広まる中、1956年夏、大規模なゲリラ戦が勃発した。そして、東チベットから逃れてきた人が大量にラサに流入した。それから1年以内に、戦闘は、中央チベットにも波及した。そして、ミマン・ツォンドゥとチュシ・ガントゥクの連合部隊テンスン・ダンラン・マガルが結成された。そして、同年秋までに、南チベットと東チベットへと展開した。

　ダライ・ラマはこれ以上血が流れないよう、民衆をなだめようと腐心した。しかし、1956年、ダライ・ラマがインドのジャワハルラール・ネルーからブッダの誕生祭に招かれインドを訪問した際に、チベットの状況は悪化していた。デリーでネルーと周恩来と会談した際、ダライ・ラマはチベットの破滅的状況を深く懸念しており、インドへの政治亡命も考えていると語った。その際、ネルーは、亡命をしないよう、ダライ・ラマに助言した。

　ダライ・ラマをチベットに戻らせるべく、中国政府は、チベットでの「社会主義改革」を当面延期すると即座に発表した。また、多くの中国人公務員を撤退させ、チベット自治区準備委員会の部門も半分に減らすことが合意された。しかし、この後に起きたことを見れば、この合意が虚偽であったことがわかる。これから数年間で、中国は社会主義的キャンペーンを強化し、チベット人の追放も増えた。そして、撤退した中国人要員以上の数の軍がチベットに送り込まれた。

■ 民族蜂起とダライ・ラマ法王の亡命

　1959年3月、回避できない事態が起きる。中国当局がダライ・ラマを拉致し、北京へ連行しようと計画しているとの懸念が広がった。3月10日、中国軍が兵舎にダライ・ラマを観劇のために招待した際に、ダライ・ラマの身の安全に対する懸念がさらに高まった。カムやアムドでは、中国軍から文化ショーなどに招待された高僧や指導者が不可解に失踪するという苦い経験をチベット人は味わっていた。また、通常ダライ・ラマに同行するボディーガードを連れてきてはいけないという中国側の主張により、チベット人の疑念はさらに高まった。

【1959年インドのシリグリに到着】…1959年3月に警護たちと一緒に亡命するダライ・ラマ法王14世。

ラサの人々は、ダライ・ラマが中国の計略にかかってはならないと考えた。同年3月10日、人々は大規模なデモを行い、ダライ・ラマの夏の宮殿ノルブリンカを取り囲み、ダライ・ラマを観劇に行かせないようにした。その後の数日間、集ったチベット人は、中国のチベットからの撤退とチベットの完全な独立の回復を求めた。大規模なデモの結果危険な結末になることを懸念したダライ・ラマは、ノルブリンカ周辺に集った大群衆に散会するよう求めた。ダライ・ラマは、中国の譚冠三司令官に3通の書簡を送り、中国軍をなだめ、差し迫った衝突を回避しようとした。書簡に記した状況について、ダライ・ラマは自伝の中で次のように述べている。

私は時間を稼ぐために、中国側のすべての手紙に返信しました。

チベット人・中国人双方の怒りを鎮め、
チベット人に落ち着くよう促すための時間でした。

このときの最も緊急の倫理的義務は、
非武装のチベット人と中国人の間に
破滅的な衝突が起きるのを防ぐことでした。※72

しかし、ダライ・ラマのこうした尽力にもかかわらず、その後、ラサでは衝突が発生し、チベット人にとって壊滅的な結果となった。流血事態を防ぐための尽力が最終的に失敗し、中国政府による弾圧を最小限にすべく中国政府と交渉することがこれ以上不可能だと悟ったダライ・ラマは、インドへの亡命を決意した。チベット人を助けるべく、国際社会の助けを求めるためだ。ダライ・ラマがラサを脱出したのは、1959年3月17日夜のことであった。

1959年3月28日、中国の周恩来首相は、国務院令に調印し、チベット政府の解散を宣言した。インドへ亡命する道中にいたダライ・ラマと大臣は、

ラサの新しい中国当局はチベット人からは認められることはないと宣言した。そして、インド到着後、新政権を樹立し、「私がどこにいようと、チベット人は私たちの政権をチベットの政権として認めます」と公式に宣言した。それから数か月以内に、約8万人のチベット人が困難な亡命の道をたどり、インド、ネパール、ブータン国境へとたどり着いた。国境までたどり着けなかった人も多くいた。

　中国政府は、これらの出来事を、アメリカのCIAの支援を受けた反動主義者が引き起こしたもので、彼らがつくった武装部隊は大衆からは支持されないと述べている。そして、ダライ・ラマはこうした人たちによってインドへと拘束・連行されたと中国政府は主張している。そして、ラサに残った反逆者7000人を2日間で鎮圧したと中国政府は述べている。

　このような中国政府の主張は信用に足りず、中国政府の中ですら自己矛盾を抱えている。中国軍は、1959年3月から10月の間に、ラサおよびその周辺地域で抵抗するチベット人8万7000人を殺害したと述べている。※73　しかし、CIAによる支援があったのは、1959年の蜂起後のことである。なお、CIAの支援はチベット人からは歓迎されたが、効果はほとんどなかった。

　あらゆる証拠が、蜂起は大規模であったことを示している。そして、その後、チベット全土で残忍な弾圧が吹き荒れることになる。

第3章
チベットの人権状況

■　はじめに

　本章では、中国政府の統治下にあるチベットに広がる、体系的そして激しい人権侵害について述べる。国際法で規定されている行動規範を中国政府は侵害しながらも、それに対し罰則が科されていないことを、入手可能なあらゆる証拠資料が示している。国連人権宣言で謳われている最も基本的な人権がチベットでは守られていない。中国政府を批判するような言動を少しでも行うと中国政府から厳しい刑罰が科されるのである。

　また、チベット人は、国連憲章を含む幅広い規範で規定されている民族自決権を否定されている。※74

　チベットにおける過酷な人権弾圧が解決されるまでは、チベットを合法的に統治しているという中国政府の主張は違法だと言わざるを得ない。チベットの人権状況の真実を知ること、そして、それを解決することが、チベット問題を解決し、チベットが高度な自治を手にするための第一歩だ。

■ チベットの破壊（1949〜1979）

　1993年、インドのダラムサラに拠点を置くチベット亡命政権は、『チベット：事実から明らかになる真実』という報告書を発表した。※75 この報告書によると、中国政府によるチベット侵攻・支配が原因で、1949〜1979年に120万人以上のチベット人が命を落としたという。今日、家族が中国当局から投獄・殺害された経験のないチベット人に出会うのは珍しい。

　以下の表は、チベット亡命政権がまとめた情報に基づいて、中国統治下のチベットで命を落とした120万人のチベット人の死因をまとめたものである。

1949年〜1979年に中国政府の統治が原因で命を落としたチベット人の死因

死因	ウツァン	カム	アムド	計
刑務所での拷問	93,560	64,877	14,784	173,221
処刑	28,267	32,266	96,225	156,758
戦死	143,253	240,410	49,042	432,705
餓死	131,072	89,916	121,982	342,970
自殺	3,375	3,952	1,675	9,002
闘争セッション *	27,951	48,840	15,940	92,731
計	427,478	480,261	299,648	1,207,387

＊ 「闘争セッション」では、チベット人同士が大衆の前でお互いを批判し、殴ることを強要された。
　 チベットの独立のための運動をした人、資産家、学者がセッションに参加させられ、
　 その後、拷問を受けた。

　虐殺、拷問、僧院の爆撃、遊牧民の追放なども多数記録がある。1960年の国際法律家委員会のチベットに関する報告書にもこれらの記載がある。

中国側の情報によると、1950年10月7〜24日に、東チベットで、人民解放軍は、5700人超のチベット「兵」を殺害し、約2千人を投獄したという。[76]また、別の中国軍の報告書によると、1952〜1958年に、アムドのカンロで、996の反乱を鎮圧し、1万人以上を殺害したという。[77] また、アムドのゴロクでも殺害を行い、1956年に13万人であった人口が、1963年には6万人になったという。[78]

　故パンチェン・ラマ10世は、1987年3月28日に北京で開かれた全国人民代表大会の小委員会で次のように述べている。

　青海省で行われた残虐行為を撮影した映画が存在したら、
　見る人は衝撃を受けるでしょう。

　中国兵はチベット人遺族に対し、
　反乱者が一掃されたことを祝うよう命じました。
　遺体の上で踊ることも強要しました。
　そして、遺族もまたマシンガンで虐殺されました。[79]

　アムドとカムでは、人々は言葉では表現できない残虐行為を受けました。
　人々は10人から20人のグループに分けられ、撃たれたのです。

　人々は心に深い傷を植え付けられました。[80]

　1959年3月10日にラサで起きた民族蜂起の際、3日間のうちに1万〜1万5千人のチベット人が殺害された。1960年に出された人民解放軍チベット軍区政治部の報告書によると、1959年3月から10月に中央チベットだけで8万7千人が殺害されたという。[81]

囚われた人々は、拷問などのひどい仕打ちを受けた。刑務所や労働キャンプで命を落とす人もいた。1962年当時の刑務所や労働キャンプの状況について、故パンチェン・ラマ10世は次のように記している。

看守や役人は、狂気に満ちた無慈悲で悪質な言葉を囚人に浴びせ、
激しく無節操に殴りました。

囚人の衣服や布団は体を温められるようなものではありませんでした。
テントや建物は、
囚人が雨風から身を守れるようなものではありませんでした。
食べ物も十分ではありませんでした。

生活はみじめなもので、囚人は搾取されました。
早朝から遅くまで働かされました。
最も過酷な仕事が割り当てられました。

様々な病気にかかる人もいましたが、
十分な休息は与えられませんでした。
治療も十分受けられず、
通常では死なないような状況で命を落とす人がたくさんいました。※82

刑務所や労働キャンプから生きて戻った人の証言を総合すると、チベット全土の囚人のうち70％が刑務所や労働キャンプで命を落としたという。例えば、チベット北部のジャン・ツァラカでは、1万人以上の囚人が5つの刑務所に収容され、採掘とホウ砂の運搬を強いられた。これらの刑務所では、毎日、10〜30人の囚人が空腹、拷問、過重労働により命を落としたという。また、東チベットのカムのニャロン出身の元政治犯アデ・タポンツァンによると、1960〜1962年に、ダルツェド地区の鉛鉱山で、12,019人の囚人が死亡したという。

■ 大規模抗議（1980〜1990年代）

　1976年に毛沢東が死亡すると、中国の政策は変化し、経済の自由化と開放路線に向かった。しかし、チベットの政治的な自由につながるような変化はささかも起きなかった。

　1982年5月、115人のチベット人政治活動家が逮捕され、「犯罪者」、「闇商人」のレッテルが貼られた。さらなる逮捕と公開処刑がその後も続き、1983年11月末までに、ラサだけで750人の政治活動家が投獄された。

■ 1987年の抗議

　1987年秋、ラサで、チベット人が大規模抗議を三度行った。中国警察はデモ参加者に向けて発砲し、多くの死傷者が出た。また、非武装のデモ参加者が多数投獄された。

　1987年の最初のデモが起きたのは、9月27日であった。折しも、この日は、ダライ・ラマがアメリカ下院人権議員集会で演説し、5項目和平プランを発表した日であった。ダライ・ラマを非難するよう求める中国当局のメディア・キャンペーンに対し、200人以上のチベット人が立ち上がった。このようなチベット人の動きに対し、中国当局は、ダライ・ラマのアメリカ訪問を非難し、ダライ・ラマに対してデモをするよう呼び掛けた。

　中国政府に対するデモは21人の僧侶によって開始され、その後、約100人の一般人が加わった。抗議活動参加者は、中国政府が禁じていたチベット旗とダライ・ラマを支持する横断幕を掲げ、「チベットに独立を」、「ダライ・ラマに

千年の命を」というスローガンを叫んだ。これに対し、中国当局は暴力的な弾圧を加え、僧侶全員と一般人5人を逮捕した。※83

　二度目のデモは、10月1日、中国の国慶節の日に起きた。セラ僧院（ラサの北約5kmの場所にある僧院）の僧侶23人、ネチュン僧院（デプン僧院のそばにある僧院。ラサから約8kmの場所にある）の僧侶3人とジョカン僧院の僧侶8人がジョカン僧院周辺のバルコルを行進した。僧侶たちは、禁じられたチベット旗を掲げ、チベットの独立を求めるスローガンを叫んだ。

　これを見た中国当局は僧侶たちを暴行し、逮捕した。その後、2～3000人のチベット人が警察署に押し寄せ、逮捕された僧侶全員の即時釈放を求めた。これに対し、警察は警察署の屋根から発砲し、少なくとも8人が死亡した。負傷者も数十人出た。

　これに続く数週間の間に、チベット人約600人が逮捕された。逮捕された時間は、午後11時から午前2時の深夜であった。抗議の様子を撮影したアメリカ人旅行者も拘束された。この旅行者によると、警察はシャベルで僧侶の頭を殴っていたという。※84

　三度目のデモは12月6日であった。デプン僧院の僧侶50人が、9月27日の抗議後に拘束された僧侶21人の釈放を求めてデモを行った。僧侶たちは、拘束されている僧侶の即時釈放とチベットの独立を求めた。数分以内に武装警察250人以上が現場に急行し、全僧侶が逮捕された。僧侶たちは、ベルト、杖、金属棒で殴られた。

■ 1988年の抗議

　デモ参加者に対し、厳しい罰や規制が行われても、1987年以降、チベット全土でデモは続いた。1988年7月、中国共産党中央政治局常務委員であった喬石がチベット自治区を視察し、中国のチベット統治に抗議する者には、「容赦ない弾圧」を加えると発表した。※85　この方針は、地方役人の手によって、ただちに実行されることになった。

　1988年12月10日のジョカン僧院での弾圧を目の当たりにしたヨーロッパのジャーナリストによると、中国の役人が部下に対し、「チベット人を殺せ」と命じていたという。また、同じ現場を目撃したチベット僧は次のように証言している。

中国兵が僧院を取り囲み、外には出られませんでした。
多くの僧侶が僧院内で捕らえられました。
中国兵は催涙ガスも使いました。
その後、兵士が僧院に押し入り、僧侶を無差別に殴り始めました。※86

　セラ、デプン、ガンデンの各僧院の僧侶は、チベット仏教の最も重要な祝賀と見なされているモンラム祭をこの年ボイコットすることを決めた。僧侶たちは、1987年の抗議活動参加者が拘束されている状況でモンラム祭を行うことはふさわしくないと考えた。

　しかし、中国政府は、チベットに宗教の自由があることを示すという名目で、モンラム祭の開催を強要した。祭に参加しない場合は僧院からの追放など厳しい措置が取られるという警告も出された。しかし、中国政府の役人が参加した祭の最終日に、ガンデン僧院の僧侶たちは危険を顧みずデモを行い、拘束され

たチベット人の釈放を求めた。これを受け、中国治安部隊は、僧侶15人を射殺した。他の僧侶はトラックに押し込まれたり、意識が失くなるまで引きずられたりした。

この頃には、広範な逮捕、夜間の襲撃、拷問、尋問はチベットの日常になっていた。

■ 1989〜1990年代の抗議

中国政府に対し、チベットの独立を求める抗議はラサ内外で続いた。1989年2月7日朝、チベットの新年の日、禁じられたチベット旗がラサのジョカン僧院の前に掲げられた。そして、その数時間後、中国当局が旗を取り外した。

チベット人はチラシを配り、3月10日の民族蜂起を胸に刻むよう呼び掛けた。2月17日、1700人の人民武装警察がラサに到着し、バルコル（ジョカン僧院を取り囲む道路）の入口に検査所を設置した。検査所では、10〜12人の兵士が、バルコルに入るチベット人全員を検査した。

駐留する兵士の数が増える中、1989年3月5日から3日間、ラサではデモが起き、混乱した。人々は、チベット旗を振り、独立を求めるスローガンを叫んだ。これに対し、警察は機関銃の発砲で応じた。機関銃による死者の数は、80〜400人と推定される。なお、中国側が主張する死者数は11人である。このときラサに滞在していた中国人ジャーナリスト唐達献は、約400人のチベット人が虐殺され、数千人が負傷し、3千人が投獄されたと述べている。※87

1987年3月7日深夜、ラサに戒厳令が出された。その結果、チベットでの任意逮捕・拘束は日常的な出来事になった。チベット人が集会に参加したり、

デモを行ったりすることは禁じられた。

　それから１年もたたない1990年５月１日、中国政府は戒厳令を解除した。しかし、1991年７月に中国とチベットを訪れたオーストラリア人権使節は次のように述べている。

　1990年５月１日に戒厳令は解除されましたが、
　それは形式上のことで、実際は戒厳令が敷かれている状況です。

　1991年のアムネスティ・インターナショナルの報告書には次のように記されている。

　警察と治安部隊は、
　裁判なしに任意逮捕と拘束ができる強権を持っています。※88

　1991年４月10日、チベット併合40年の祝賀に向け、中国政府は146人の「犯罪者」を逮捕した。その後に行われた公開判決集会の場で、さらに逮捕者が出たことも発表された。祝賀当日は、ラサに夜間外出禁止令が出された。

　確認できた報告によると、1987年９月27日から1993年末にかけて、大小200のデモがチベット全土で起きた。1989年３月に中国当局が血なまぐさい弾圧を加えた記憶がまだ残る中、1993年５月24日、チベット人は再び通りに繰り出した。旅行者を含む目撃者によると、デモ参加者は１万人を超えていたという。２日間続いたデモは、夕刻に人々が家路につく際にまたも武力で残忍に鎮圧された。

■　北京オリンピック前後の民族蜂起

　2008年は、チベットにとって歴史的な年になった。2008年の北京オリンピックが間近に迫った3月10日、ラサで抗議活動が始まった。チベット蜂起から49年にあたる日であった。チベットでの中国政府の残忍な人権侵害、チベット人の正義を求める闘いに世界中の注目が注がれた。

2008年3月にチベット本土でデモが行われた場所

　ラサで始まった抗議活動はチベット全土に広がった。この期間に、300以上の抗議活動が起き、農家、遊牧民、学生などあらゆる人が参加した。

　3月10日、デプン僧院の300人を超える僧侶がラサのバルコルに向けて抗議の行進を開始した。僧侶たちは、チベットの独立と、任意拘束されている全僧侶の即時釈放を求めた。現場に人民武装警察の大部隊が到着し、行進が止められると、僧侶たちは座り込み、ダライ・ラマ法王の長寿を願って経を唱えた。それから約30分後、セラ僧院の僧侶たちも抗議を開始した。彼らは、チベットの独立を求めるチラシを撒き、禁じられたチベット旗を掲げた。

　この後、ラサの三大僧院であるデプン、セラ、ガンデンの各僧院、そして、ジョカン、ラモチェ僧院が封鎖されました。

僧院内のすべての仏教の指導も中止させられました。※89

　3月10日の抗議の開始以降、この年に起きた抗議の数は344にのぼった。※90
少なくとも6500人が逮捕され、190人が懲役刑を受けた。刑期は9か月から終
身刑まで様々だ。ほとんどの人の罪状が国家安全危害罪だ。7人のチベット人
には死刑判決が出された。7人とも30歳以下である。ロブサン・ギャルツェ
ンとロヤクは、2009年10月20日に処刑された。残りの5人、テンジン・プンツォ
ク、カンツク、ペンキ、ペマ・イエシ、ソナム・ツェリンは執行猶予2年付き
の死刑判決を受けた。また、行方が分からなくなったケースも1000例以上報
告されている。※91

　2008年3月14日、中国武装警察は、抗議中のチベット人に発砲し、約80人
が死亡した。※92　同年4月3日には、カルゼ県のツォンコル僧院そばで、チベッ
ト人抗議者に対し中国武装治安部隊が発砲し、少なくとも14人が死亡した。※93
また、同年3月16日、ンガバ県で抗議活動に参加したチベット人数千人に対し、
中国治安部隊は報復し、少なくとも8人が死亡した。※94　犠牲者の中で最年少
は16歳の女子学生ルンドゥプ・ツォであった。※95

　平和的なチベット人の抗議に中国当局が武力行使したことがチベット人への
人権侵害であるという非難が世界的に広まった。また、2008年3月のチベッ
ト人のデモの際に拘束・逮捕されたチベット人に関する情報を提供していない
として、国連の拷問禁止委員会は、第4次定期報告書で懸念を表明した。同報
告書は、ラサ、カルゼ県、ンガバ県で平和的な抗議活動を行っていた大群衆に
警察が無差別発砲を行い死者が出たことに関する中国政府の報告がない点につ
いても批判した。さらに、2008年4月には、「ジャーナリストや独立した調査
団がチベットに、より大規模に足かせなく入れる」よう、国連人権任務保持者
7人が中国政府に要請した。

■　焼身抗議

　チベット人は何十年にもわたり、中国政府に繰り返し抵抗し、人権を求めているが、中国政府は強硬路線を貫いている。実際、習近平国家主席の一期目に、中国政府の弾圧政策は、多くの点で悪化した。

　2017年のフリーダム・ハウス（アメリカに拠点を置く国際人権NGO）は、2017年の報告書『中国の精神のための闘い：習近平政権下の宗教復興、弾圧、抵抗』の中で次のように記している。

　焼身抗議を手助けした人への刑罰、
　過去には許可されていた祭の中止、
　民間の宗教的慣習に対する規制、
　チベット仏教教義・仏教の指導者選定への介入などの
　新政策が行われており、
　チベットの人権状況はさらに悪化している。

　中国政府は、中国共産党にとって好ましくないと思われる意見を弾圧している。平和的な抗議活動参加者には、拘束、強制失踪、逮捕、拷問、投獄が待ち受けている。このような弾圧の結果、自身の声を届けるべく、焼身抗議を行うチベット人が増えている。2009年に始まった焼身抗議は、今日も続いており、その数は152人を超える。

　焼身抗議についての詳細は第1章を参照されたい。

■ チベットの政治犯

　中国の憲法および刑法では、市民の違法捜索、任意拘束、逮捕は禁じられている。例えば憲法37条には、「不法拘禁その他の方法による公民の人身の自由に対する不法な剥奪又は制限は、これを禁止する。公民の身体に対する不法な捜索は、これを禁止する」とある。しかし、中国政府は、「社会秩序」の維持を口実に、憲法で保障された権利の侵害を数多行っている。

　ヒューマン・ライツ・ウォッチ（アメリカに拠点を置く国際人権NGO）の2016年の報告書「『中国の治安維持』キャンペーンの下でのチベット人の拘束・告発」では、500件近くの事例が分析されている。

　すべてのケースが、
2013〜2015年に政治的な意見を表明したり、
政府の政策を批判したりして、
拘束され、裁判を受けた人のものです。

　中国政府の治安維持強化のために、チベット人は逮捕され、
『国家機密漏えい罪』、『国家政権転覆扇動罪』」などで
有罪判決を受けています。

　同報告書によると、2008〜2012年に、チベット自治区と青海省で、年平均61人、合計304人が「国家安全危害罪」で逮捕されたという。※96

　囚人を尋問する際は、拷問が主に使われる。中国政府は、国連の拷問禁止条約を批准しているが、拷問は終わらない。2015年、国連の拷問禁止委員会は、「刑務所で常態化している拷問の停止を中国政府に求める」と述べた。また、

すべての秘密刑務所の閉鎖も求めた。さらに、拘束者の死亡ケースが多いことにも深い憂慮を示した。

多くの証拠があるにもかかわらず、中国政府は、政治犯の存在や拷問を否定し続けている。拷問の方法や道具については、実際に拷問を受けた元政治犯たちが述べている。拷問のやり方には、高圧電流を発生する電気棒を押し付ける、鉄の棒で殴る、爪の間に棒を差し込む、熱せられたシャベルで焼き印を押す、熱湯をかける、さかさまにして天井から吊るす、親指を縛り天井から吊るす、手枷足枷をする、ブーツで蹴る、どう猛な犬をけしかける、極端な温度下に置く、睡眠・水・食料を奪う、厳しい「運動」をさせる、独房に閉じ込める、性的暴行をする、侮辱的な言葉を浴びせる、拷問・殺害の脅迫をするなどがある。

2018年になっても、任意逮捕、拘束、拷問は続いている。（本書執筆の2018年10月16日時点）

2018年9月20日、刑務所で受けた拷問が原因の病に伏していたショヌ・パルデン（41）が息を引き取った。ショヌは、2008年の抗議活動に関わったとして、2012年6月18日に逮捕された。その後、甘粛省カンロ・チベット自治州マンドゥ県で拘束されたが、2か月以上にわたって連絡が取れなかった。そして、2008年にマチュ県での抗議活動を率いたとして懲役2年9か月の判決を受けた。刑務所で容態が悪化したショヌは、刑期満了前の2013年7月24日に釈放された。

2018年1月27日には、元政治犯の尼僧ンガワン・ツォモ（51）が、刑務所で受けた拷問による病が原因で死亡した。ンガワン・ツォモは、1993年にラサで平和的な抗議活動に参加したとして7年間投獄された。その後、急性頭痛を含む病に苦しんできた。ンガワン・ツォモは刑務所で拷問を受けたが、釈放後も適切な治療は受けられなかった。死亡する1年前から、彼女の容態は悪化

していた。そして、ラサのペンポ・ルンドゥブ県にある病院の廊下で治療を受けるのを待っていた際に息絶えた。

「Radio Free Asia」（RFA）によると、2018年1月28日には、ラサで平和的な抗議活動を行ったロデ・ギャツォが「再び拘束されて失踪」した。家族は、ロデ・ギャツォが中国当局から再逮捕されるのではないかと懸念していたという。ロデ・ギャツォは、かつて、故意殺人と政治活動の罪で20年以上投獄されていた。

2018年1月10日には、1年以上にわたって音信不通であったジャーナリストで元政治犯ツェゴル・ギャル（55）が、青海省西寧にあるツォジャン人民中等裁判所で懲役3年の判決を受けた。罪状は、「国家分裂扇動罪」であった。「Tibetan Center for Human Rights and Democracy」（TCHRD、インドのダラムサラに拠点を置くチベット人の人権NGO）は、ツェゴル・ギャルが裁判の際に、代理人をつけることができず、公正な裁判が受けられなかったと報じている。国連の任意拘束に関する作業部会は、ツェゴル・ギャルの拘束の法的根拠を求めたが、中国政府からは何の返答もなかった。

2018年1月24日、ドラゴ僧院の元僧侶ゲシェ・ツェワン・ナムギャルが釈放された。ツェワン・ナムギャルは、政治的な抗議活動を行ったとして6年間投獄された。彼は、刑務所での拷問により、足に治ることのない傷を負い、歩くことができなくなった。彼の逮捕は2012年1月のことであった。

インドのダラムサラに拠点を置くTibet Timesからの情報によると、2018年3月28日には、キルティ僧院の僧侶ロブサン・センゲ（36）に懲役5年の判決が出された。判決は、ンガバ県のバルカム人民裁判所で出された。政治活動と焼身抗議に関する問題が罪に問われた。ロブサン・センゲは、2012年8月14日に逮捕された。その3日前には、ルームメイトのロブサン・クンチョ

クが逮捕されていた。

　2018年4月には、約30人のチベット人がディル県で拘束された。聖なる山セブタ・ザギェンでの採掘プロジェクトに抗議した村の指導者カルマが「失踪」した後のことであった。カルマの拘束は2018年2月のことで、「マルコル、ワタン、ゴチュ村の全住人に、聖なる山での採掘を認める書類にサインさせるという公式命令に抗議した」ためであった。※97　カルマは、中国共産党の指導者からの採掘許可が出ている証拠を求めたが、これがカルマの失踪につながった。その後、カルマの拘束が判明すると、中国当局は、マルコル、ワタン、ゴチュ村の人々を緊急招集した。緊急招集は4月2日で、カルマ失踪のニュースを漏らした者は、「殴られ拘束される」という内容であった。

　また、カルゼ・チベット自治州セルシュル県のウォンポ僧院の僧侶二人も中国警察に拘束された。ロブサン・ドンドゥプは2018年3月9日に、チュチョクは2017年12月25日に逮捕された。両名の逮捕理由は不明だ。

　2018年4月16日には、ツォロ・チベット自治州ツァン僧院の僧侶二人が拘束された。SNS「We Chat」上に「デリケートな画像と記事」を投稿したためだという。拘束されたうちの一人はウォチュン・ギャツォでもう一人の氏名は不明だ。

　RFAによると、甘粛省サンチュ県では、ラブラン僧院の僧侶ジンパ・ギャツォが「失踪」したという。2018年3月27日に拘束された後のことであった。

　失踪した日、中国の役人がジンパ・ギャツォに電話をしていました。

　匿名の人物はこう語った。ジンパ・ギャツォは、役人から電話があったことを友人に伝えていた。ジンパは秘密の留置場で10日間拘束された後、釈放さ

れた。逮捕理由についての「説明」はなかった。

　RFAによると、2018年4月に、ラモ・ドルカ（60）が失踪した。ラモ・ドルカは、親族とともに、ラサに巡礼に向かっていた。「中国の私服治安部隊」が尋問のためにラモ・ドルカを連行した後、ラモ・ドルカは行方不明になった。インドのチベット亡命政権のンガワン・タルパ議員は次のように語っている。

　それ以降、ラモ・ドルカの状況については何の情報もありません。彼女は失踪しました。※98

　イギリスに拠点を置くフリー・チベットによると、2018年5月8日朝、ソク県ティド町でガンギェ（50代）が逮捕されたという。ダライ・ラマの本やダライ・ラマのカーラチャクラ灌頂のCDを警察が発見した後のことであった。

　この前年にも任意拘束・逮捕の報告が複数あがっている。中国の憲法35条には、「公民は、言論、出版、集会、結社、行進及び示威の自由を有する」とある。しかし、チベットの独立や自由、ダライ・ラマ法王のチベットへの帰還を求めた人は、憲法で保障された権利を享受していない。デモ参加者の多くが拘束され、秘密の場所で拘束されている。家族は、拘束者の所在や健康状態について何の情報も得られない。

　2017年1月5日、四川省セルタ県で、ソナム・タシが一人で抗議を行った。彼は、通りを歩きながら、チベットの自由とダライ・ラマ法王の長寿を願うチラシを空にまいた。その後、セルタ県警察に連行された。それ以降、彼の拘束場所は不明だ。

　2017年2月25日には、ンガバのキルティ僧院の僧侶ロブサン・ツルティムがチベットの自由を求める抗議活動を一人で行い拘束された。それ以降、彼と

は音信不通になっている。

2017年２月27日には、ムラ僧院病院の院長で僧侶のケドゥプ（50）が拘束された。二度目の拘束であった。拘束理由は、人権やダライ・ラマに関する記述をしたことで、公安により連行された。

2017年３月16日には、チベットの自由とダライ・ラマ法王のチベットへの帰還を求めたキルティ僧院の僧侶ロブサン・ダルギェが失踪した。当初、ロブサン・ダルギェの拘束場所は不明であったが、多くの人の努力の末、彼がンガバにある軍の新キャンプで拘束されていることが明らかになった。ロブサン・ダルギェは激しい拷問を受けた。家族、親族、友人は、彼が拘束中の拷問で命を落とすのではないかと懸念している。

2017年３月18日には、チベット人女性ドゥクペが拘束された。ンガバで一人で抗議活動を行ったためだ。彼女の現在の状況は不明だ。

RFAによると、2017年５月４日、中国四川省警察が、僧侶ゴンポ（43）をカルゼ・チベット自治州ニャロン県のオプン僧院から連行したという。彼は、焼身抗議に関するニュースをチベット外の知り合いに伝えたことが罪に問われた。

TCHRDによると、2017年７月、僧侶が、ナクチュ州ソク県「再教育センター」で４か月間拘束された。この僧侶は、再教育センターでは、「拷問、性的虐待が常態化している」と明らかにした。高齢の僧侶・尼僧、特に尼僧が、当局の標的になっていたという。安全上の問題でこの僧侶の氏名は非公開だ。

2017年７月21日には、カルゼ・チベット自治州のボル僧院の僧侶トゥルク・ロブサンが警察署から理由も告げられずに召集された。その後、彼は行方不明となり、現在の状況は不明だ。

同月、ジャンパ・チュギャル（30）がインド在住の親族ンガワン・ジャンパと連絡を取ったとして任意拘束され、尋問を受けた。中国当局は、ンガワン・ジャンパを「ダライ一味」と見ている。

　2016年6月には、ユドゥク・ニマ（40代）が警察に拘束されていた際に、殴られ死亡した。ニマの拘束理由は不明だ。

　平均すると、拘束された人々は、寿命が劇的に短くなる。刑務所での拷問による負傷の結果、チベット人政治犯は平均で釈放から3年以内に死亡している。

　RFAによると、2016年11月21日、タシ・チュイン（37）が「警察に拘束された後、失踪した」という。タシ・チュインは、中国政府発行の旅行許可書を持って家族を訪ねていた。その後、2017年まで家族はタシ・チュインの情報が得られなかった。2017年、家族は、刑務所から釈放された人から、タシ・チュインが懲役6年の判決を受けたことを聞いたという。判決の理由は不明だ。

　2011年12月、インドのダラムサラに拠点を置くチベット亡命政権は新たな動画を公開した。その動画には、2008年にラサ近くの村の民家を中国警察と準武装部隊が襲撃している様子が映っていた。警察は、眠っていたチベット人8人を起こして拘束した。そのうちの一人は後ろ手に縛られ、殴られた。この逮捕は、2008年の北京オリンピック前の抗議活動に関係したものだった。

　2008年、チベット僧タルチン（40代）が懲役5年の判決を受けた。愛国的再教育への参加を拒否したためだ。彼は、2013年に刑期を終えて釈放されたが、体は衰弱していた。そして、2016年8月に病院へ向かう道中で息絶えた。

　近年、チベット人が平和的な抗議活動を行うことが増えている。人々は、しばしば、ダライ・ラマ法王の写真を掲げ、ダライ・ラマ法王のチベットへの帰

還を求めている。人々は祈るような仕草で、チベットの自由を求めるスローガンを叫ぶ。一人で抗議活動を行った人が逮捕され、消息不明になることもある。逮捕者の家族は、逮捕者の状況を確認する術もない。2016年6月7日には、ンガバ県の通称「英雄の通り」（この通りで焼身抗議が多発したことからそう呼ばれるようになった）で、キルティ僧院の僧侶ロブサン・ツェリン（20）が一人で抗議活動を行った。ツェリンはダライ・ラマ法王の写真を頭に掲げて行進した。そして、現場に到着した警察に逮捕され、連行された。どこに連行されたのか、現在どういう状況なのかは今なお不明だ。ツェリンの件はほんの一例にすぎず、同様の事例が数多ある。

■ 高名な政治犯：ゲンドゥン・チューキ・ニマ

1995年5月14日、ダライ・ラマ法王は、6歳のゲンドゥン・チューキ・ニマをパンチェン・ラマ11世（ダライ・ラマに次ぐチベット仏教第2位の高僧）として認定した。パンチェン・ラマは、ダライ・ラマの選定プロセスにおいて重要な役割を担う指導者だ。ゲ

中国共産党員から非難されるパンチェン・ラマ10世（1966年頃）

ンドゥン・チューキ・ニマがパンチェン・ラマ11世に認定された3日後、中国政府はゲンドゥン・チューキ・ニマを家族もろとも拉致した。

国連など様々な場所で、中国政府はパンチェン・ラマの身柄が中国政府側にあることを認めている。そして、20年以上にわたり、チベット人、チベット支援者、国連の拷問禁止委員会・子供の権利委員会・宗教と信条の自由に関する特使・強制失踪に関す

パンチェン・ラマ11世の幼少期の実際の写真（左）と、現在の推定画（右）

る作業部会を含む人権団体は、パンチェン・ラマの現在の状況についての情報を中国政府に求めてきたが、何の返答もない。こうして、パンチェン・ラマは、世界で最も長く服役している政治犯の一人となった。

　2017年11月、カナダのクリスティア・フリーランド外務大臣は、国連人権高等弁務官と宗教と信条の自由に関する特使が、ゲンドゥン・チューキ・ニマに面会できるようにするよう中国政府に求めた。さらに、フリーランドは、ゲンドゥン・チューキ・ニマと両親の居場所、ゲンドゥン・チューキ・ニマが受けた教育、両親とともに釈放される予定日の情報提供も求めた。

　ゲンドゥン・チューキ・ニマが29歳になり、そして、強制失踪から23年がたったことを受け、2018年4月26日、アメリカ国務省はゲンドゥン・チューキ・ニマの即時釈放を求める声明を出した。※99 この声明の中で、アメリカ国務省のヘザー・ナウアート報道官は次のように述べた。

　4月25日、パンチェン・ラマ11世ゲンドゥン・チューキ・ニマの
誕生日を迎えました。

　彼は6歳のときに中国政府に拉致されてから
公の場に姿を見せていません。

　中国当局がチベット人の宗教、言語、文化的アイデンティティを
抹殺し続けていることをアメリカは懸念しています。
これには、（チベット仏教施設）ラルン・ガルやヤチェン・ガルなどの
信仰の場の破壊も含みます。

　中国政府に対し、ゲンドゥン・チューキ・ニマの即時釈放と、
すべての人の宗教の自由を守るという国際盟約の遵守を求めます。[100]

2018年5月8日、カナダ議会の外国と国際発展に関する小委員会で、中国政府が「チベット自治区」から派遣した使節に対し、カナダ人議員がパンチェン・ラマの状況に関する質問をした。※101　ガーネット・ジェヌイス議員は、パンチェン・ラマの状況と、外国人のチベットへのアクセスについて質問した。使節を代表してペマ・ワンドゥは、中国政府の長年の主張を繰り返した。

　ゲンドゥン・チューキ・ニマは、現代教育を受けており、
　彼と家族は外部から邪魔されることを望んでいません。

　機会があれば、ゲンドゥン・チューキ・ニマが
　よい暮らしを送っているのを見ることができるでしょう。

　使節は、ゲンドゥン・チューキ・ニマの現在の居場所を示すことができなかった。

　以下では、ゲンドゥン・チューキ・ニマ以外の高名な政治犯を紹介する。

a)　タシ・ワンチュク

　チベット語を守るための活動をしていたタシ・ワンチュクは、2016年1月に拘束された。2015年にアメリカのニューヨークタイムズの番組に出演した直後のことであった。番組は『チベット人の政治の旅路』という名であった。当地でのチベット語教育が十分でないことから、ユルシュル地方当局に対し訴訟を起こすべくタシ・ワンチュクが北京に向かうという内容であった。ユルシュルでは学生の大部分がチベット人であるが、学校で使用される主要言語は中国語であった。番組の中で、タシ・ワンチュクの訴訟を請け負おうとする法律事務所はなかった。

　2018年1月4日、タシ・ワンチュクに対する裁判が4時間にもわたり行われた。「民族文化の抹殺」、「言語の破壊」、「チベット人がチベット文化を使うことの統制」、「厳しい監視」、「任意逮捕」といったタシ・ワンチュクの発言が中国政府への名誉棄損・非難にあたると裁判所は述べた。裁判所は、タシ・ワンチュクのこのような行為が刑法103条第2項（刑法103条第2項「国家の分裂または国家統一の破壊を煽動した者は、5年以下の懲役、拘役、管制または政治的権利の剥奪に処する。首謀者または犯行が著しい者は、5年以上の懲役に処する」）にあたるとした。一方、タシ・ワンチュクは、「国家分裂扇動活動」は行っていないと主張した。

　裁判は、ユルシュル県中等人民裁判所で行われた。裁判は国際的な注目を浴びたが、裁判所は、アメリカ、EU、イギリス、ドイツ、ドイツ、カナダの外交使節の裁判傍聴を拒否した。

　タシ・ワンチュクの弁護士である梁小軍によると、ニューヨークタイムズの番組が国家分裂扇動罪の証拠にされたという。タシ・ワンチュクは、チベット人の子供がチベット語を学ぶことができるよう保証したかっただけだとし、チベットの独立は求めていないと主張している。

　裁判官は、判決は後日言い渡すと述べた。中国政府がコントロールしている中国の裁判所では、政治的な問題の被疑者は99％以上の確率で有罪となる。そして、2018年5月22日、タシ・ワンチュクは懲役5年の判決を下された。

　この判決を受け、インドのダラムサラに拠点を置くチベット亡命政権ロブサン・センゲ首相は次のように述べている。

　法による統治を信じている人にとって、今日は悲しい日となりました。
　しかし、私たちは、タシ・ワンチュクの釈放を求め続けます。

センゲ首相は、判決が、国際法・規範を守っているとする中国政府の嘘を暴くものだと述べた。

2018年8月23日、裁判所はタシ・ワンチュクの上告を棄却し、一審の判決を支持した。

国際人権団体は、「異様なまでに不公平」、「偽の国家分裂扇動罪」として、タシ・ワンチュクへの判決を拒否し、「政治的な動機に基づいた裁判」と非難した。ヒューマン・ライツ・ウォッチの中国ディレクターであるソフィー・リチャードソンは、「タシ・ワンチュクの唯一の『罪』は、民族が自身の言語を使う権利を平和的に求めたことです。これは、中国の憲法でも国際法でも保護されているものです」と述べた。また、アムネスティ・インターナショナルのリサーチ・ディレクターであるジョシュア・ローゼンウェイグは次のように述べた。

今日のタシ・ワンチュクへの判決は総じて不公平です。

チベット文化への体系的侵食に対し、
平和的に注意を惹こうとしたことに対する残忍な判決です。※102

国連の専門家もこの判決を非難している。国連人権高等弁務官事務所のウェブサイトに投稿された声明には次のように記されていた。

タシ・ワンチュクのすべての罪を取り下げ、
即時釈放するよう二度にわたり求めた後で、
このような判決が出たことは憂慮すべきです。※103

外交官や議員も懸念の声をあげている。欧州議会議長、カナダ政府、アメリ

カ国務省、ドイツ議会、フランス上院は、即座に懸念の声をあげ、裁判所の決定を非難し、タシ・ワンチュクの釈放を求めた。2018年初め、欧州議会は、タシ・ワンチュクの釈放を求める緊急決議を採択した。また、ラトビア議会、フランス上院は、「公正かつ透明な裁判プロセス」を求めた。

b）　ショクジャン

　著名なチベット人作家・ブロガーのショクジャン（本名ドッコ）は、2015年3月、東チベットのレブコン県のホテルで国家治安警察に拘束された。そして、2016年2月17日、「国家分裂扇動罪」で懲役3年の判決を受けた。その後、2018年3月19日に釈放された。ショクジャンは、2008年の抗議活動や遊牧民の強制移住を含むチベットの現在の状況に関する批判的な記事を書いたことで知られる。

c）　テンジン・デレク・リンポチェ

　著名なチベット仏教の指導者テンジン・デレク・リンポチェは、2002年、執行猶予付きの死刑判決を受けた。その後、2005年に終身刑へと減刑された。「爆発事件を引き起こし」、「国家の分裂を扇動した」として裁かれた。罪状は、四川省成都で起きた爆発事件についてのものだ。テンジン・デレク・リンポチェの共犯とされたロブサン・ドンドゥプは、死刑判決を受け、2003年1月26日に刑が執行された。

　ヒューマン・ライツ・ウォッチは、テンジン・デレク・リンポチェの逮捕と判決を取り巻く状況を詳細に述べており、リンポチェが爆発事件に関与したとする信頼できる証拠はないと述べた。

裁判所がテンジン・デレク・リンポチェを有罪とした証拠について
吟味する余地が大いにあります。

裁判のプロセスに欠陥があり、
裁判所は独立した偏見のない組織ではありませんでした。

被告は独立した弁護団をつけることができませんでした。

テンジン・デレク・リンポチェの家族が選任した弁護士は、
裁判での弁護を認められませんでした。

中国当局は、国家機密であるとして、
裁判で提示された証拠の公開を拒否しています。※104

　アメリカ、EU、国際人権団体は、リンポチェに対する判決を非難し、即時
釈放を求めた。

　リンポチェに対する判決は、民衆の間で人気が高く、ダライ・ラマ法王への
忠誠心もあるリンポチェの口を封じようとする政治的な意図があったと考えら
れる。現地のチベット人は、リンポチェがチベット人の経済、文化、宗教、環
境を守ってくれると考えていた。

　リンポチェは、拘束中の2015年7月13日、不可解な死を遂げた。獄中での
生活は13年に及んだ。中国政府は、リンポチェの死が心臓発作だと主張した。
しかし、その後インドへ亡命したリンポチェの姪ニマ・ラモは、中国政府の説
明を否定している。ニマ・ラモは、第9回人権と民主主義のためのジュネーブ
サミットで、リンポチェが拷問を受け、毒殺されたと証言した。家族がリンポ
チェの遺体を見た際、唇が不自然に黒くなっていたという。（訳者が亡命直後

のニマ・ラモにインタビューした際、ニマ・ラモは「リンポチェの爪も不自然に黒くなっていた」と述べた。また、「リンポチェを診察したとされる医師や病院の情報を中国当局が開示しないことから、当局の説明が虚偽だ」とも述べた）

テンジン・デレク・リンポチェの遺体も遺灰も家族には渡されなかった。

d）　イエシ・チュドン

　2008年３月、チベットで大規模な抗議活動が起きた後、元医師で二児の母イエシ・チュドンがラサで逮捕された。中国当局による弾圧の情報をシェアしたことが罪に問われ、ダライ一味に情報を提供したとしてスパイ罪に問われた。[※105] 2008年11月７日、ラサ中等人民裁判所は、イエシ・チュドンに懲役15年の判決を下した。[※106] 投獄から８年がたった2016年、イエシ・チュドンは刑務所での拷問が原因で健康状態が悪化し、病院へ搬送された。

■　移動の自由の規制

─────────── 漢人が乗る飛行機、電車、バス、車がチベットに出入りする。
　　　　　　　　　　チベット人は自身の土地で少数派となった。
　　　　　　　　　　チベット人が通るすべての交差点でチベット人は
　　　　　　　　　　行く手を阻まれる。
　　　　　　　　　　　　　（王力雄：中国人作家、研究者）

　中国政府はチベット人の移動の規制を強めている。これは国連人権宣言第13条の目に余る違反である。チベット人は特定の場所に行く際に登録が必要で、住む場所、買い物をする場所も特定の場所に限られる。別の場所に行くには、たとえ短い期間であれ、公式な許可証が必要だ。

人民武装警察と地方公安は、都市の主要な道路や僧院にバリケードやチェックポイントを設置している。チェックポイントでは、チベット人は、ダライ・ラマの写真、チベット旗などの「違法」、「分裂主義的」な物を所持していないか徹底的に調べられる。

　ラサの鉄道駅では、チベット人は、厳しい入場検査を受けなければならない。チベット人乗客は、警察署で、保証人の書類を提出しなければならない。この措置は、チベット人以外には適用されず、彼らは自由に旅行できる。北京在住のチベット人作家オーセルによると、彼女と同じ列車でラサに到着したチベット人の身分証明書を警察がスキャンしていたという。しかし、漢人旅行者にはそのようなプロセスはなかったという。その後、ラサのあらゆるチェックポイントで身分証明書のチェックがあり、チベット人旅行者は常に追跡されていたという。また、チベット人立ち入り規制が行われていた場所もあったという。

　チベット自治区に出入りする際、複数の役所から特別許可証を入手する必要があるケースもある。しかし、その許可証を入手するのに、多くのチベット人が苦労する。これにより、チベット自治区の聖地に巡礼に行くのが難しくなっている。さらに、陸路でネパール経由でインドに行くのも難しくなっている。この点については次項で述べる。また、チベット自治区外からラサに旅行したチベット人によると、身分証明書を当局に渡し、毎日、旅行計画の詳細を報告するよう命じられたという。ラサのポタラ宮（ダライ・ラマの宮殿。世界遺産）に巡礼に行った匿名の人物は次のように述べている。

窓より監視カメラが多かった。
僧侶よりも警察が多かった。
菩薩よりネズミが多かった[107]

■　海外への渡航規制

──────── チベット人にとって、パスポートを手に入れるのは、
天国に行くより難しい。
これは、中国政府による漢人優遇政策によるものだ。
（チベット人ブロガー）

　ヒューマン・ライツ・ウォッチは長年にわたり、いかにチベット人が基本的な移動の自由を否定されているかを詳細に述べてきた。これには、パスポート取得の際の厳しい差別政策も含まれる。2015年のヒューマン・ライツ・ウォッチの報告書『1冊のパスポートと2つのシステム』によると、2012年に人口65万人のチャムド県で発行されたパスポートはわずか2冊であったという。※108　同報告書によると、2012年以降、中国当局は、チベット自治区（人口の90％以上がチベット人）の一般人のパスポートをすべて押収した。代わりのパスポートは発給されていない。※109

　多くのチベット人が、パスポートの取得・更新の困難を訴え続けている。パスポートを申請する際、チベット人が提出しなければならない書類は、漢人が提出しなければならない書類よりもはるかに多いという。チベット人のパスポートの審査には数年がかかり、しばしば拒絶される。パスポート取得のために賄賂を送らざるをえない人もいる。チベット自治区では、研究者はパスポート申請の際に、通常の書類に加え、様々な役所からの署名付きの7枚のスタンプを入手しなければならない。

　インド行きを目指すチベット人は、パスポート取得の際に数多の困難に直面する。アメリカ国務省の2016年の人権レポートには、「チベット人およびその他の少数民族は、パスポート取得の際に、漢人よりずっと多くの書類を提出し

なければならない」と記されている。※110 同報告書には次のような結論が記されている。

　チベット人のパスポート申請は数年かかり、
しばしば最終的に拒絶される。
多額の賄賂を払ってやっとパスポートが手に入ったと
報告したチベット人もいる。

仏教、教育などの目的でインドを目指すチベット人にとっては、大問題だ。

また、中国に帰国したとたんに
パスポートが無効にされるという事例も報告されている。※111

■　2017年のインドでのカーラチャクラの際の渡航規制

　2017年1月3〜14日、ダライ・ラマ法王がインドのブッダガヤでカーラチャクラ灌頂を行った。カーラチャクラ灌頂に参加するためにパスポートを申請したチベット人が多数いたが、取得までに数年を要した。しかし、中国当局は、チベット人をインドに行かせないよう厳しい渡航規制を敷いた。

　アメリカの中国問題執行委員会の2017年の報告書には次のように記されている。

　2017年1月初めにインドのブッダガヤで行われた
ダライ・ラマの重要な仏教法話に、
約7000人のチベット人が参加を目指した。

2016年11月、中国政府は、チベット人のパスポートを押収した。
また、すでにインドやネパールに渡航していたチベット人に対しては、
中国に戻るよう命じた。

宗教と移動の自由の侵害である。※112

　ネパールの旅行会社は、中国政府から旅行に関する警告書を受けた。その内容は、1月10日までに受けたすべての旅行と航空券の予約をキャンセルするようにというものであった。※113

　また、広州と昆明の空港職員が、到着したチベット人のパスポートを破ったこともあった。これらの巡礼者は、1月1〜15日に自宅に戻るよう命じられた。そして、期限までに家に戻らない場合は、助成金や仕事を失うなどの深刻な結末が待ち受けていると警告された。※114

　2018年5月29日に発行された国際宗教の自由報告書によると、アメリカ国務省が中国を懸念のある国としてあげたという。同報告書は、チベット人の宗教の自由や習慣に、中国政府が介入・規制している点を強調している。同報告書で、アメリカ国務長官は次のように述べている。

中国では、法輪功信者、イスラム教徒のウイグル人、
チベット仏教徒数千人が中国政府から拷問、拘束、投獄されている。※115

■ 広範な監視

――――――――― すべての村が要塞となり、みなが監視人となる
（中国グリッド管理チームの公式スローガン）

　2018年にフリーダム・ハウスが発表した世界の自由度ランキングで、チベットはシリアに次いで世界で2番目に自由がない場所と格付けされた。※116 チベットの自由のなさは、中国政府の大規模な監視によるものだ。監視により、基本的な権利であるはずのプライバシーが侵害されている。

　チベット人への監視が強まったのは2011年のことである。この年、「社会の安定の維持」のために「グリッドシステム」が導入された。※117 グリッドシステムは、「問題を起こす可能性のある人」を認証・監視し、それぞれのグリッド（格子状の地域）に駐在するスタッフから、リアルタイムで情報を収集するために開始された。住人のすべての動きが役所のスクリーンで監視され、スマートフォンを持ったスタッフから位置情報付きの画像がアップロードされる。街が監視のための小区域に分割されているのだ。例えば、ラサの大半とその周辺地域を含むチャングアン地域は、175の小地域に分割され、何人たりとも監視の目から逃れられなくなっている。

　このシステムの下、中国政府は600以上の「コンビニ型警察署」を設置した。この警察署には一般のチベット人の生活を監視するハイテク機器が備わっている。特に、元政治犯やインドから戻った人々のような「特殊グループ」が監視されている。※118

　ヒューマン・ライツ・ウォッチの報告書『中国：止むことのないチベットの監視プログラム』の中で、グリッドシステムが詳細に述べられている。

監視チームがチベット人に政治観や宗教観を尋ねています。
そして、中国政府の政治観を教え込んでいます。
徒党を組んだ治安部隊がチベット人を監視しています。

そして、拘束や刑罰の対象となるような情報を集めています。※119

　2011年、中国政府は、チベット自治区の5000の村に、2万1000人の役人を配備した。この役人は少なくとも4人で1グループを形成している。この人員配備にかかったコストは同地域の政府の歳入の4分の1以上であった。

　この「集中監視プログラム」は当初4年で終わることになっていた。しかし、中国当局は無期限で続けることを決定した。ヒューマン・ライツ・ウォッチの中国ディレクターであるソフィー・リチャードソンは、「新たな日常となったのは、チベット人の永久監視だ」と述べた。※120 最終的に、グリッドシステムはチベット人のプライバシー権を否定するだけでなく、表現の自由・移動の自由をも奪うことになった。

　中国政府の監視プログラムは、ソーシャルメディアにも及んでいる。特に、人気の「WeChat」の監視が厳しい。

WeChatはチベットで最も人気があるソーシャルメディアです。

そのWeChatのすべてのグループの中に
中国のインテリジェンス部隊がいます。

今、彼らは、チベット難民コミュニティを標的にしています。
彼らは、情報がチベット難民へ流れるのを
止めることはできないかもしれません。

しかし、WeChat内のやり取りを調べることにより、
情報収集し、誤った情報を流すことも可能です。
（安全上の問題で、情報源は非公開）

　RFA（Radio Free Asia）によると、2017年5月、「WeChatを使って中国外のメディアに政治的にデリケートな内容を報告した」として多くのチベット人が逮捕・拘束されたという。※121 また、ダライ・ラマ法王の80歳の誕生日を祝うWeChatグループに参加したとして、アルギャ・ギャと僧侶ロデが投獄された。※122

■ 情報を得ることの難しさ

――――――― ジャーナリストにとって、チベット自治区は
　　　　　　北朝鮮よりも行きにくい場所だ。
（ワシントンポスト、2016年9月）

　中国政府は、チベットに出入りする情報を遮断しており、その遮断具合は強まっている。2016年のアメリカ国務省の人権報告書には次のように記されている。

中国政府は、チベットへの外国人ジャーナリストの立ち入りを
厳しく規制している。

さらに、海外に情報を伝えようと
外国人ジャーナリストと話をしたチベット人、
電話・メール・インターネットで抗議に関する情報や

中国政府への不満を伝えたチベット人は、
嫌がらせを受けたり拘束されたりしている。

チベット自治区に立ち入ることができた
外交官やジャーナリストはほとんどおらず、
立ち入れたとしても現地当局の厳しい監視下に置かれる。※123

　国境なき記者団は、習近平を「インターネットの敵」、「報道の自由を蝕む者」と位置付けており、「2012年に習近平が国家主席になってから、中国では自由が著しく後退した」と述べている。※124　過去数十年間で、チベットに立ち入るための政府主催のツアーはほんのわずかであり、それも厳しい監視が伴っていた。※125

　チベット人は、海外からの情報にアクセスするにも大きな規制がある。チベット内のチベット人同士の会話にすら規制がある。抗議活動が起きた時期あるいは政治的にデリケートな時期には、中国当局は、数週間、ときには数か月間、チベットでの携帯電話やインターネットの使用を規制する。携帯電話の中に疑わしい情報があるとして携帯電話の中を当局が調べるという事例も多数報告されている。中国政府がデリケートと見なす情報を携帯電話でやり取りした後、中国当局から公式な警告を受けたと話すチベット人も多くいる。

　チベット自治区党委員会インターネット情報事務所長は、「インターネットは、チベット自治区党委員会とダライ一味のイデオロギーの主戦場だ」と述べている。中国当局は、海外に拠点を置いていたり、チベットに関連していたりするサイトが中国政府を非難する内容を含んでいる場合、中国内からのアクセスをブロックしている。また、中国の組織だったハッカーが、繰り返し、チベット人活動家や中国外の組織を攻撃している。

2017年11月、全国人民代表大会常務委員会はサイバーセキュリティ法案を可決し、セキュリティ組織がインターネットコンテンツの調査・統制をするための法的枠組みが強化された。とりわけ同法の第12項がチベット人および他民族に負の影響をもたらすと専門家は見ている。第12項では、「国家の安全を害する」、「国家の統一を害する」、「過激主義を扇動する」、「民族の憎悪を増殖する」、「社会秩序を乱す」、「公共の利益を害する」などの政治的な犯罪をインターネットで行った場合は有罪になると規定されている。しかし、上記の内容は定義が曖昧で恣意的な運用が可能である。サイバーセキュリティ法では、「安全に関する大規模な事態」が起きた場合、広範囲でインターネットを遮断することが盛り込まれている。なお、インターネットの遮断は同法以前からチベットでは長きにわたって行われてきた。2017年11月8日、ラサで工作会議が行われ、チベット自治区及びその他のチベット人居住地域で、インターネット管理に協力するよう要請があった。

■　結論

　チベットにおける人権侵害を1章だけで網羅するのは不可能だ。いや、1冊の本でも不可能である。本章で述べた人権侵害はごく一部に過ぎない。チベット本土で通信規制がある中、人々はチベット外に情報を届け続けている。これは大きな危険を伴う行為だ。命を奪われるかもしれない。それでも、国際社会が介入し、国連人権宣言で謳われている「尊厳と権利の自由と平等」を手にすることができるよう人々は希望を抱いている。

　チベットの状況は緊迫している。チベット人がチベット人として生きられる場所は少なくなった。中国政府の規制の下、チベット人がアイデンティティ・文化・言語・伝統を保存するのは難しくなっている。第19回共産党大会の後、インターネットのさらなる規制が実行され、国家主席の任期も撤廃となった。

117

習近平が無期限に権力の座に居座ることができるのだ。このことは、今後もチベット人の自由と人権を奪う弾圧が続くことを意味している。

　国際社会は、チベットの状況を注視し、中国政府に対し人権尊重を求め、国際法違反に対する説明責任を求めなければならない。最終的な解決策は、中国政府がチベット人と協議し、憲法で謳われている内容を遵守することだ。これ以上チベットの人権状況を悪化させることなく、永続的な中身のある解決策を模索しなければならない。

第4章
チベットの文化的ジェノサイド

■ ジェノサイド（物質的・文化的）

　国連のジェノサイド防止及び処罰に関する条約の中で、ジェノサイドは次のように定義されている。

　国民的、民族的、人種的、宗教的な集団の全部または一部を破壊する意図をもって行われる次のような行為

(a) 集団構成員を殺すこと
(b) 集団構成員に対して、重大な肉体的又は精神的な危害を加えること
(c) 集団に対して故意に、全部又は一部に肉体の破壊をもたらすために意図された生活条件を課すること
(d) 集団内における出生を防止することを意図する措置を課すること
(e) 集団の児童を、他の集団に強制的に移すこと※126

　上記で規定されている物質的・生物学的ジェノサイドに加え、国際法の中には、文化的ジェノサイドもジェノサイドに含まれるとする法的基盤もある。実際、1944年にラファエル・レムキンが初めてジェノサイドという言葉を考案したとき、文化的ジェノサイドの概念も含まれていた。※127

　カナダで行われた歴史的研究がある。これは、政府が資金援助した住居兼学

119

校システムが、原住民に与えた不公平や害についてのものである。この研究の中で、ジェノサイドの包括的な定義がなされている。

文化的ジェノサイドとは、ある集団が集団として
存在し続けるために必要な構造・習慣の破壊である。

文化的ジェノサイトに関与した国家は、
標的集団の政治的・社会的組織を破壊する。
土地は押収され、人々は強制移住させられ、移動が制限される。
彼らの言語も禁止される。
宗教の指導者は迫害され、宗教活動は禁止される。
宗教的価値を持つ物品は押収され、破壊される。

最も重要なことは、ある世代から次の世代に、
文化的価値やアイデンティティを伝えるのが阻害される点である。※128

　2001年8月、旧ユーゴスラビア国際刑事裁判所は、文化的要素もジェノサイドと関連付けられると定義した。この画期的な判断が、文化的破壊がジェノサイドの要素となるという判断の先例となった。

集団の物質的破壊が最も明確なジェノサイドである。

しかし、文化やアイデンティティの意図的な破壊、
そして、最終的に、その集団が他集団と違いを持った
集団ではなくなることが、集団の破壊とも考えられる。

物質的・生物学的破壊がある場所では、
しばしば同時に、文化的・宗教的な物品、集団のシンボルも
攻撃対象となる。※129

　この裁判で、セルビアによるイスラム教徒の図書館やモスクの破壊、文化的指導者への攻撃が、イスラム教徒に対するジェノサイドであると判断された。

　1948年の国連人権宣言を含む国際規範で、文化的に存在する権利が認められている。※130 この権利は、後に、経済的・社会的及び文化的権利に関する国際規約でも支持されている。同規約第1条には、「すべての人民は、自決の権利を有する。この権利に基づき、すべての人民は、その政治的地位を自由に決定し並びにその経済的、社会的及び文化的発展を自由に追求する」とある。第15条では、「文化的な生活に参加する権利」が認められている。※131 また、市民的及び政治的権利に関する国際規約でも、第1条と第27条において、少数者の文化的権利を特に保護している。※132

　今日、国際法が大きく進歩しており、文化的ジェノサイドを罰するための効果的な法的手段実行の必要性が訴えられている。

■　記録に残っているチベットの文化的ジェノサイド

　60年もたたないうちに、中国共産党は、数千年にわたって続いてきたチベットの文化・宗教・アイデンティティを破壊した。（チベット人のアイデンティティは7世紀には形成されていた）中国政府のチベット侵攻・支配の結果、1949〜1979年に120万人以上のチベット人が死亡した。（82ページの表参照）今日、家族が中国政府から投獄・殺害されていないチベット人と出会うのは珍しい。

第4章　チベットの文化的ジェノサイド

チベット人に対するジェノサイドは、国際法律家委員会の様々な報告書に記録されている。最初の報告書は1959年の『チベットとその法的統治への疑問』である。この報告書では、「（1）ジェノサイド条約第2条（a）および（e）への明白な違反、（2）別の民族であるチベット人そしてチベット仏教を部分的あるいは全体的に破壊する明白な体系的な意図」に対する証拠があると結論付けられている。[133]

国際法律家委員会は、その発見を国連総会に提示し、チベットに関する4つの重要な決議が採択された。[134] 最初の決議は1959年で、「チベット人の基本的人権とチベット独自の文化・宗教生活を尊重する」よう中国政府に求めるものであった。[135] 二番目の決議は1961年で、「民族自決権を含むチベット人の基本的人権と自由を奪うような慣習」を停止するよう中国政府に求めるものであった。[136] 三番目の決議は1965年のもので、「チベット人の基本的権利と自由の継続的な侵害、チベット独自の文化・宗教生活への継続的な弾圧」を深く憂慮するものであった。[137]

1991年、少数民族への差別防止および少数民族の権利の保護に関する国連の小委員会は、チベットに関する決議を採択した。その内容は、中国政府による「チベット独自の文化・宗教・民族のアイデンティティを脅かす基本的人権と自由の侵害」を非難するものであった。同委員会は、「チベット人の基本的人権と自由を完全に尊重する」よう中国政府に求めた。[138]

1997年、国際法律家委員会は、チベットに関する第三の報告書『チベット：その人権と法による統治』を発表した。同委員会のアダマ・ディエン総書記は報告書について次のようにコメントしている。

本報告書では、チベットにおける新たな弾圧の悪化が記されている。

これは、僧院での「再教育」キャンペーン、仏教の指導者の逮捕、
ダライ・ラマの写真の公な場での展示禁止である。

また、漢人のチベット流入の結果、
チベット人のアイデンティティ・文化がさらなる脅威に晒されている。
チベット語は侵食され、環境も悪化している。

チベット人はあるべきはずの民族自決権を否定され、
「外国人の支配を受けている人々」と結論付ける。 ※139

　同報告書には、中国共産党が続けるチベットでの弾圧、チベットの文化・宗
教を根絶やしにするための戦略的計画が詳細に述べられている。

1994年の第3回国家チベット工作会議以降、
チベットの弾圧は着実に強まっている。

この会議で、チベットの不安定さの要因は
亡命中のダライ・ラマの影響にあるとされ、
新たな戦略が作成された。

この工作会議では、
漢人のチベット自治区への移住をすすめ、
ダライ・ラマの影響を排除するキャンペーンを実施し、
反体制派を弾圧し、急速な経済発展をさせることが合意された。

この工作会議の結果、
文化大革命以降最大の規模で仏教活動が規制され、
ダライ・ラマを非難させるキャンペーンが行われた。

また、政治的逮捕、反体制派になる可能性がある人の監視強化が行われた。

さらに、非政治的な抗議活動にも弾圧が強化された。[140]

国際法律家委員会は、国連や国際社会に対し、「チベットの苦境に目を向け、踏みにじられている国際法の基本原理を守らせる」よう求めた。[141] また、同委員会は、国連の監視の下、チベットで住民投票を行うよう呼び掛けた。これは、チベット人が自らの将来の意思決定を行うためのものだ。

2013年、スペインの全国管区裁判所は、1980年代および1990年代にチベットでジェノサイドを行ったとして、中国の胡錦濤元国家主席に逮捕状を出した。他に逮捕状が出されたのは、江沢民元国家主席、李鵬元首相、喬石元中央政治局常務委員（1980年代後半にチベットで戒厳令が出された際の人民武装警察担当）、陳奎元元チベット自治区委員会書記、彭珮云元家族計画大臣であった。

この裁判は、スペイン在住のチベット人原告とスペインのチベット支援団体「チベット支援委員会」が起こしたものだ。重大犯罪の場合、犯罪場所や犯人・犠牲者の国籍を問わず起訴する義務があるとする国際法の原則に基づいてのものだ。

これは革新的な裁判であったが、中国政府はただちにスペインの裁判所を非難し、裁判がこれ以上進むことのないようスペイン人議員に政治的圧力をかけると主張した。中国政府はこの裁判が二国間関係を害すると警告し、スペイン議会は容疑者をスペイン人あるいはスペイン在住の外国人に限るとして、普遍的直轄権を制限する法案を可決した。そして、この新法に反するとして、スペイン高等裁判所は判決を取り消した。

深刻な国際犯罪に対する罰を求めたスペインのようなパイオニアに中国政

府が圧力をかけたことに対し、2014年2月、アムネスティ・インターナショ
ナルやヒューマン・ライツ・ウォッチを含む国際人権組織が深刻な懸念を表
明した。

■　最近のチベット仏教破壊：ラルン・ガルとヤチェン・ガルの破壊

────────── 住む場所を追われた僧侶たちは、
　　　　　　　避難所を探している

　ラルン・ガルの学生で、インドへ亡命したツェリンは、2017年12月、チベッ
ト亡命政権情報・国際関係省にこう語った。

　2016年7月以降、中国当局は、主要なチベット仏教施設ラルン・ガルとヤチェ
ン・ガルを破壊し、僧侶と尼僧を大規模追放している。ラルン・ガルは世界最
大の仏教施設のひとつだ。ラルン・ガルとヤチェン・ガルは、カルゼ・チベッ
ト自治州セルタ県とパリュル県にある。人権団体フリー・チベットとチベット・
ウォッチによると、2016年7月以降、少なくとも4,725の家屋が解体され、4,825
人の僧侶・尼僧・一般の学生が追放されたという。この悲しむべき状況を受け、
ラルン・ガルの尼僧3人が自殺した。2016年7月19日、ツェリン・ドルマと
セムガが首つり自殺し、翌7月20日、リンジン・ドルマも首つり自殺した。

　これから15年前の2001年4月18日にも、ラルン・ガルでは同様の弾圧があっ
た。当時、7〜8000人の僧侶と尼僧が暮らしていたラルン・ガルでは、僧侶
と尼僧の数が最大1400人に制限された。そして、数千人が追放された。数
十の僧院の住居も解体された。24ドル相当の補償を受け取る見返りに故郷に
戻った尼僧もいる。しかし、大半は近くの山に逃げ、貧しい暮らしを送った。

破壊が行われる前のヤチェン・ガル（上）と、破壊が進行中のヤチェン・ガル（下）
（RFAが2019年8月27日に入手）

ヤチェン・ガルの5000〜6000尼僧院が破壊され、6000人以上の尼僧が追放された。（2019年10月19日）

ラルン・ガルの創設者で非常に尊敬されている仏教の指導者ケンポ・ジグメ・プンツォクは1年間拘束され連絡が取れなくなった。そして、2004年1月6日、ケンポは、治療を受けていた成都の軍の病院「363」で謎の死を遂げた。72歳であった。

ラルン・ガルの破壊後の廃墟写真(2016年12月15日)

2016年6月、チベット仏教の影響を薄め、破壊すべく、中国当局は、ラルン・ガルの破壊に関する8か条の命令を出し、僧侶・尼僧・一般の学生数千人の住居の破壊の期限を定めた段階的なガイドラインを発表した。政府が設定した住人数の上限5000人に向けて、追放が行われた。第6回チベット工作会議、第2回宗教に関する国家工作会議では、破壊命令はラルン・ガルの適切な規制・管理のためとされた。

研究報告や目撃者情報によると、破壊は「規制と管理」という名目の下、政治目的で実施されたという。

ラルン・ガルの住人でインドへ亡命したツェリン（20代）がラルン・ガル破壊の真実についての信頼できる証言をしている。ラルン・ガルの「人口過剰」、「住居・下水管理が不十分」という中国政府の主張にツェリンは反論した。ツェリンによると、ラルン・ガルの破壊は、影響力を増すラルン・ガルを当局が恐れたためだという。

ラルン・ガルに潜入することができた欧米人研究者によると、ラルン・ガル

は縮小され、「旅行者や仏教の恩恵を求める人」にとっても魅力は薄れるという。
一方、中国政府は、６つの建設会社と特別会合を持ち、ラルン・ガルを観光地
に変えようとしている。

　ラルン・ガルを追放された僧侶や尼僧は、署名を強要され、ラルン・ガルに
戻らず、仏教の修行は故郷で続けることを誓わされている。

　僧侶の中には還俗させられた人もいます。
　また、他の僧院に入ることができた幸運な人もいます。[※142]

　ラルン・ガルの建物の破壊は、破壊全体のごく一部に過ぎない。破壊の影響
はずっと大きい。ラルン・ガルの住人や学生が、心理的にも物質的にも「大き
な混乱」の最中に置かれたのだ。

　追放された人々は、意気消沈しています。
　鬱状態になった人もいます。

　ツェリンはこう語る。中国当局による厳しい通信規制の中入手した動画を見
た世界中のチベット人が深い悲しみに包まれた。動画には、同胞の尼僧がバス
に押し込まれ故郷へ搬送されていく姿をなすすべもなく見送る尼僧が泣き叫ぶ
姿が映されていた。追放者の多くが、中国当局による愛国的再教育を受けるこ
とになる。また、動画には、軍服を着させられた尼僧が、「中国人とチベット
人は同じ母の子供」という歌を歌わされている姿も映っている。また、追放さ
れた尼僧がステージで中国のポップソングを歌う姿もあった。これらは、尼僧
の尼僧院での誓いに反するばかりか、最大の屈辱である。

　ラルン・ガルには私服警察を含む警察の大部隊が駐在し、厳しい監視下に置
かれている。信頼できる情報筋によると、ラルン・ガルで弾圧・脅迫を行って

いるのは、警察特殊部隊だという。

　ラルン・ガルを観光地に変えようとする中国当局の試みの中、2017年8月、カルゼ・チベット自治州共産党委員会は、ラルン・ガルの管理担当者に中国共産党のメンバーを任命すると発表した。こうして、ラルン・ガルの伝統的なトップであった僧院長の任務を中国共産党の6人のメンバーが引き継ぐことになった。この任命は、2016年7月に出された8か条の命令の7.4項によるものであった。この項目には、僧院は政府あるいは中国共産党の役人との合同管理にすることを受け入れると書いてあった。この任命は、ラルン・ガルに中国共産党のメンバーとプロパガンダを送り込むためのものだ。

　2017年10月、人権団体フリー・チベットとチベット・ウォッチは、アメリカのアポロ・マッピング社の支援の下、ラルン・ガルの破壊の規模を示す衛星画像を公開した。この画像により、ラルン・ガルの大規模破壊とそれに続く僧侶・尼僧の追放が明らかになり、国際社会の非難が集まった。2017年2月、国連人権任務保持者の一団（一団には、6人の国連特別報告官が含まれていた。6人の担当は、文化的権利、安全で清潔で健康的で持続可能な環境を享受する権利、平和的な集会・結社の権利、十分な生活レベルのための十分な住居とこれに関する被差別、少数民族問題、宗教・信条の自由であった）が、ラルン・ガルとヤチェン・ガルの使用に関して2016年11月に中国政府に送った介入文書を公開した。一団は、ラルン・ガルとヤチェン・ガルの破壊と住人の追放の法的根拠について中国政府に問うていた。また、2016年12月には、ラルン・ガルの破壊を非難する緊急決議を欧州議会が採択した。

■ 僧院の管理

　1962年、チベット全土の僧院に、政府の管理下にある「民主管理委員会」が設置された。その多くのメンバーは、過剰な飲酒や売春などの不道徳な行為を行っていた。そのようなメンバーが、伝統的な僧院のトップである僧院長の役割を引き継いだのだ。この委員会は、「愛国的な」僧侶・尼僧、共産党員、政府の役人、時には、「信頼できる」チベット人の役人から成っていた。彼らは、「愛国教育」プログラムを通じて僧院を管理し、規制を課す責任を与えられた。また、中国政府と僧院の連絡役としての機能も果たしていた。さらに、活動家、僧侶、尼僧の動きも監視していた。

　2004年７月７日に全国人民代表大会で発行された宗教問題規制の下、民主管理委員会は、僧院内の動きを規制し、僧院の活動を記録し、政治教育を普及させ、監視を行うこととなった。民主管理委員会による監視に加え、中国政府は、「作業チーム」をつくり、僧院内およびその周辺で「愛国教育」を推進した。彼らは、とりわけ僧侶や尼僧に対し、中国政府の立場のチベットの歴史を教え、ダライ・ラマ法王を非難した。また、民主管理委員会は、調査を行ったり、会議を開催したり、監視を行ったり、逮捕すべき人を認定したりする特別任務を負うこともあった。

　これらの一連の国家による制裁は、宗教の自由を侵害するものである。中国当局は、中国政府にとって政治的に正しい方向になるようにチベット仏教を変えようとしている。そして、何世紀にもわたる歴史を持つチベット仏教の伝統、信念、価値観を壊し、僧院を中国共産党へ政治的・心理的忠誠を誓わせる場所に変えようとしている。

　2015年11月、チベット難民が、チベット本土からリークされた文書『僧院

の浄化・改革作業の強化と深化の必要性に関するディル県人民政府の通知（仮施行）』※143 を入手した。この文書から、僧院へのまったく新しいレベルでの弾圧が行われていることがわかる。この文書には、チベット僧院を中国政府の事務所に、僧院の住人を中国共産党のメンバーに変えるための体系的な取り組みが述べられており、僧院を改革するための一連の規制が盛り込まれている。

中国当局は、転生活仏や高位の僧侶への供え物を含む
僧院のあらゆる財務活動を統制する。

当局は、僧院の全物品の出納帳をつけ、
物品の保管・修理の決定権を持つのは当局のみとする。

毎週木曜日、ディル県の僧侶と尼僧は
政治教育セッションに参加しなければならない。

　チベット仏教への弾圧はこれだけにとどまらない。1994年、中国共産党は、「第3回チベットに関する国家工作会議」を開催した。この工作会議の表向きの目的は、「安定と発展」であった。しかし、実際は、「僧侶・尼僧の制御できない勧誘、僧院建設」の停止について議論された。工作会議では、「中国政府とダライ一味の戦いは、宗教の問題でも、自治の問題でもない。国家の連帯を確固たるものにする必要があり、分裂主義とは戦わなければならない。これは、生死に関わる闘いだ」※144 とされた。工作会議では、チベットの不安定さの原因は、チベットの独立を目論む「ダライ一味の分裂活動」にあるとされた。しかし、ダライ・ラマ法王は繰り返し、チベットの独立を求めていないと述べてきた。そして、1980年代後半には中道政策を提唱した。これは、チベットは中国の枠組みの中で高度な自治を目指すものである（第9章参照）。工作会議では、僧侶・尼僧の数を制限するというような弾圧政策の実施も決まった。これは、僧院がチベットの自由を求める活動の急先鋒になると中国当局が見てい

るためだ。

　1994年の工作会議後、中国政府は反ダライ・ラマキャンペーンを強烈に推進した。政府の役人の自宅にダライ・ラマの写真を置くことは禁止された。家の外や公共の場所に置くことも禁じられた。中国政府のダライ・ラマに対する敵意は年々強まっている。当局は、ダライ・ラマの宗教的な力を下げるだけでなく、政治的な影響力を下げるためのキャンペーンを行っている。

■　モンラム祭の規制

　ラサのジョカン僧院では、モンラム祭が1960年代から1986年まで禁止された。1986年は、故パンチェン・ラマ10世が、中国政府に対し、モンラム祭を含む文化の重要性を説いた年であった。1980年代後半、ラサでは大規模な抗議活動が起き、1989年に戒厳令が敷かれた。そして、1990年、再びモンラム祭は禁止された。

■　愛国的再教育

　愛国的再教育は、中国政府の「強硬」キャンペーンの一環として1996年にチベットで始まった。これは、犯罪と腐敗を正すことが目的であった。このキャンペーンは拡大を続け、今日では、チベットの最も田舎の地域にまで及んでいる。このキャンペーンの根幹にあるのは、「中国政府へ忠誠を誓うことが、よき僧侶・尼僧の前提条件」というものだ。このキャンペーンの下、漢人と信頼できるチベット人の混成作業チームが僧院を訪れ、ダライ・ラマ法王を非難させ、中国共産党への忠誠を誓わせた。この際、愛国心の確認のための試験を受けさせたり、書類にサインさせたりした。このキャンペーンに対する抵抗は大

きく、僧侶・尼僧の逮捕・拘束が起き、中国政府のキャンペーンに従わないとする動きも起きた。

　愛国的再教育キャンペーンの一環として、「9つの必須項目」プログラムが行われ、全僧院で、中国共産党の指導者の肖像画と中国国旗の掲揚が義務付けられた。これに抗議した場合は、僧院からの追放、逮捕、拷問が行われた。

　中国当局は、僧侶と尼僧に4冊の本を勉強させ、暗記度をテストする。この本には、ダライ・ラマへの非難、中国版のチベットの歴史、中国法の枠組み、地域の規制が含まれている。僧侶と尼僧は、「ダライ一味には反対します。ダライの写真を家には置きません。私の思想はダライ一味には影響されません。私は中国共産党を愛しています。何があっても中国共産党に従います」と繰り返し言わされる。これが言えなかったり、敵意を見せたりした場合は、僧院から追放されたり投獄されたりする。

　このような残忍な脅迫・洗脳の中、ダライ・ラマを非難できない人は亡命を目指す。チベット仏教徒は、ダライ・ラマ法王を観世音菩薩の生まれ変わりと考えている。ダライ・ラマは、世界中の支持者の心の中心におり、チベット内外のチベット人から尊敬されている。中国当局がダライ・ラマを非難することに、チベット人は大きな抵抗を覚える。ダライ・ラマ法王のチベットへの帰還を求めて150人以上のチベット人が焼身抗議を行ったことが何よりの証拠である。焼身抗議は、チベット人の心からダライ・ラマを抹殺しようとする中国政府への決死の抗議なのだ。（第1章参照）

　中国政府のチベットに関する第2次白書が1998年2月に出された。白書には、「法に則って、市民の信教の自由を尊重し、守る」、「中国政府はチベット人の信教の自由を一貫して尊重、保護してきた」とある。また、17か条の合意にも、チベット仏教の土地と組織を保護する、とある。こうした公式文書と

実態は、真っ向から矛盾している。実際は、洗脳、僧侶・尼僧の追放、投獄が行われ、チベット仏教の伝統が歪められている。

■　チベット語を根絶やしにするための政策

有史以来、あらゆる文化において、言語は、意思疎通の手段として、文化的アイデンティティ・機能的な社会・国家を築く手段として、最も重要なものである。

中国政府は、2000年にチベットに関する第3次白書を発表した。この白書では、中国政府の支援の下、チベット文化を保存するのが重要だと記されている。白書には、「チベット語は会話でも文書でも普遍的に使われている」と記されている。1949年の共通プログラムの枠組みの中では、「民族は言語を発展させ、伝統を保存あるいは改革する」権利があると記されている。17か条協定の中でも、チベット人が「言語文字を発展させ、その風俗・習慣および宗教信仰を保持あるいは改革する自由を持つ」と述べられている。自治に関する中国の憲法・法律でも、言語の自由が一貫して支持されている。

しかし、上記の文書の内容とチベットの実態は大きく異なる。バイリンガル教育推進という名目で、中国政府は、チベット人の学校で指導の際に使う言語を中国語とした。これにより、チベット人は学校で自らの言語を学ぶことができなくなっている。中国政府は、チベット語を、生活する上で価値がない非重要な言語と見なしている。

中国の憲法や自治に関する法律で謳われている言語の権利に反し、チベット語の使用を推進する活動家は拘束され、政治犯として有罪になっている。彼らは、チベット語の使用が制限されていることを懸念し、中国政府が法律を遵守

していないことに抗議しただけである。

　中国政府の言語政策に対する大規模な抗議がチベットで起きている。例えば、2010年、東チベットのアムドのレブコンで、中国政府は、学校で使用する言語を完全に中国語にするという発表をした。これを聞いたチベット人学生・教師が通りに集結し、言語の権利を尊重するよう求めた。抗議活動参加者は、チベット語教育の復活と、チベット語の授業を増やすことを求めた。彼らは、スローガンおよび政府にあてた書簡の中で、中国語教育の欠点を列挙し、言語政策の見直しを求めた。

　抗議活動参加者の多くが拘束された。チベット人のアイデンティティを主張し、中国政府の統治を批判した人は誰であれ投獄されるのだ。チベット語を保存すべく、多くのチベット人が私的にチベット語コースを開講している。しかし、投獄の危険もある。2013年、チベット語と環境の保護を訴えてきたケンポ・カルツェに懲役2年半の判決が出された。また、チベット語の使用を求める歌を歌った歌手数人も投獄された。歌手カルサン・ヤルペルには懲役4年の判決が下された。

　1960年代、中国政府の「改革」の下、チベット語の文法は修正された。この際、中国語がチベット語に取り込まれ、「中国」を意味するチベット語「ギャナク」などの使用が禁止された。その代わりに、中国を表す言葉として「ジョングオ」を使うよう要求された。さらに、学生が「チベットの歴史・言語を学ぶ機会が奪われ」、「中国の文化に比べ、チベットの文化・宗教・言語が劣っていることを子供たちに教え込む」教育システムが実施された。※145　ニューヨークタイムズは、チベット自治区のチベット人の学校に潜入した際のことを記事にしている。

ロビーには毛沢東の肖像が掲げられていた。
チベット語の授業を除いて、全クラスが中国語で教えられていた。
チベットにおける教育システムがチベット語の流暢さを奪っていると、
政府の民族政策を批判する人もいる。

しかし、役人は、競争力をつけるために
中国語を学ぶ必要があると主張する。

この主張を受け入れるチベット人もいる。

「 私の好きな授業はチベット語です。家ではチベット語を話します。
　しかし、国の言語は中国語で、中国語を学んでいます 」

ケサン・ダンダ（13）

ある教室の黒板には、チョークで赤い旗とハンマーと鎌が描かれていた。
その横には、中国語とチベット語で次のように書かれていた。

「 中国共産党なくして未来の中国はない。未来のチベットもない 」[146]

　チベットの学校では、中国語が第一言語とされ、チベット語は第二言語へと
降格させられている。さらに、チベット人のアイデンティティと存在を否定す
るイデオロギーがチベット人学生に教え込まれている。

　2011年、青海省（アムド）の中等学校の学生が抗議活動を行った。春休みが
終わって学校に戻ると、教科書が中国語のものに代えられていたためだ。この
平和的な抗議活動には数千人のチベット人学生が参加した。同年3月には、マ
チュチベット中等学校の卒業生ツェリン・キ（19）が焼身抗議を行い、2009
年以降24番目の焼身抗議者となった。彼女は、2010年の言語の権利を求める

抗議活動に参加していたという。チベット人学生がチベット語を話したくとも、中国政府がそれを阻む。ラルン・ガルの僧院長ケンポ・ジグメ・プンツォクはこの深刻な問題について次のように記している。

実のところ、今日のチベットではチベット語は無価値になっています。

チベット語で住所を書いた郵便は、
チベット内の郵便であれ、届かないのです。
もちろんチベット外にも届きません。

旅行の際も、どれだけチベット語が流暢でも、
バスのスケジュールも、チケットに書かれた座席番号も読めません。

非常時に病院を探す際にも、街で買い物をする際も
チベット語は役に立ちません。

チベット語しか知らない人にとっては、
小さな日常必需品を買うのも難しいです。

「 自分たちの土地で自分たちの言語が役に立たないのだとすれば、
 どこで役に立つのでしょう？
 このような状況が長く続けば、
 チベット語はいつの日か消滅してしまうでしょう。

 チベット語や文化を学べる学校はチベットにはほとんどありません。
 親も子供を学校に行かせなくなっています。
 学校では、チベット語ではなく中国語が教えられるからです。

> 学校で中国語を学んで中等学校を卒業したとしても、
> チベットでは就職は難しいのです。
>
> もちろんチベット語を学ぶ機会はわずかながらあります。
> しかし、親はチベット語が
> 日常生活では役に立たないとわかっているので、
> 子供を学校に通わせようとはしないのです 」※147

　2016年、ニューヨークタイムズは、チベット人の文化と言語の権利が侵害されていることに関する記事を2報発表した。また、言語の権利を求める活動家タシ・ワンチュクのドキュメンタリーも製作した。ニューヨークタイムズのドキュメンタリー発表後、タシ・ワンチュクは中国当局から、拘束・逮捕された。タシ・ワンチュクは、中国の憲法および民族の自治に関する法案で規定されているチベット語と文化の権利と自由を求めていた。しかし、彼は、「国家分裂扇動罪」で有罪となった。2018年1月4日の4時間に及ぶ裁判の中で、彼は「国家分裂活動」はしていないと証言したが、同年5月22日、懲役5年の判決が下された。(第3章参照)

　都市部では、チベット人の親を持つチベット人ですらチベット語を話すことができない。彼らの多くがチベット人としての特性を失ってしまったのだ。チベット人の役人も純粋なチベット語を話すことはできない。彼らが使う言葉の半分近くが中国語であり、チベット人は彼らのスピーチを理解できない。

　ケンポ・ジグメ・プンツォクの文書が、社会からないがしろにされたチベット語の不幸を物語っている。流暢なチベット語を操るチベット人は、主流派に対し負い目を感じる。そして、チベット人としての自覚があるチベット人は中国語が話せることに心地よさを感じている。チベット語の価値を下げ、チベット語の使用頻度を減らそうとする中国政府の試みは、チベット語が生き残る上

で大いなる脅威となっている。

■ 国家宗教事務局令第5号

　2007年1月、中国国家宗教事務局は、「チベット仏教の活仏の転生の管理」に関する国家宗教事務局令「第5号」を発行した。これにより、転生活仏の登録と政府からの認可が義務付けられた。第5号第2条では、「転生活仏は、海外の組織や個人の干渉や支配を受けてはならず、宗教儀式や歴史的なシステムに従って、省あるいは自治区の仏教協会あるいは中国仏教協会から認定されなければならない」と規定されている。※148　これについては、第8章で詳細に述べる。

■ チベット人と漢人の結婚政策

　中国当局は、チベット人と漢人の結婚を奨励する政策を強化するキャンペーンを打ち出している。2014年8月、陳全国チベット自治区党委員会書記は、地元紙に、チベット人と漢人の結婚を奨励する記事を載せるよう命じた。その後数週間にわたり、政府系紙は、チベット人と漢人の夫婦の幸せな結婚生活を特集した。その記事は、子供は、両親の文化を愛し、チベット語も中国語も話すという内容であった。一方、北京在住のチベット人作家ツェリン・オーセルは、ワシントンポストのインタビューに次のように答えている。

異なるバックグラウンドを持つ2人が
自然にカップルになることについては、何も異議を挟む点はありません。

　しかし、異民族間の婚姻を奨励する政策を
当局がつくり、道具にすることは誤りだと感じます。※149

　2014年にチベット自治区の中国共産党の研究機関が発表した報告によると、
チベット人と漢人の婚姻は年々増えており2008年に666組であった婚姻は、
2013年には4,795組に増えたという。

　2014年6月18日、民族間結婚家族フォーラムを主宰した陳全国は、党およ
び役人に対し、「仲人」になるよう求めた。※150

■　遊牧生活の破壊

　チベット高原には推定225万人の遊牧民が暮らしている。これまでの歴史の
中で、チベット人遊牧民は、チベットの脆弱な生態系に適応しながら、巧みに
家畜を管理し、草原を維持してきた。※151　遊牧民と農民は物々交換を行う関
係にあり、遊牧民が、塩、バター、肉、乾燥チーズ、ウールを提供し、大麦、
衣服などの生活用品を手に入れる。しかし、遊牧生活は徐々に共同生活に取っ
て代わられつつある。今日、チベット人遊牧民にとっての最大の脅威は、都市
への強制移住と草原からの追放である。2006〜2012年に、約200万人の遊牧
民が草原を追われた。※152

　2007年6月、ヒューマン・ライツ・ウォッチは、包括的な報告書『拒否す
る自由は誰にもない』を発表した。※153　この報告書には、中国政府の遊牧民
定住政策プロジェクトの憂慮すべき事実とデータが記されている。中国政府
は、草原の囲い込みの理由を環境保護とし、「農地を森に」※154、「牧草地を草
原に」※155のような政策を実施している。ヒューマン・ライツ・ウォッチの報
告書には次のように記されている。

2000年以降、中国政府は、チベット人遊牧民地域で、
遊牧民の都市への移住、土地の押収、土地の囲い込みを実施している。

その結果、遊牧民の暮らしは急激に厳しくなっている。
遊牧民は多くの家畜を殺処分し、
街近郊に新たに建てられた住居へ移住することを求められている。

こうして、遊牧民は伝統的な生活様式を失っている。[※156]

都市に移住した遊牧民は、新たな収入の糧を探すことになるが、十分なスキルもない彼らにとって、仕事の機会を得るのは難しい。

ヒューマン・ライツ・ウォッチのインタビューを受けたチベット人は次のように述べている。

中国政府は、私たちが遊牧生活を続けることを認めてくれませんでした。
そして、政府が建設した家屋に移住させられました。

家畜を失った今、他の仕事はできそうにありません。[※157]

2003年、チベット北東部のゴロク県では、放牧が完全に禁止され、遊牧民は政府が建設した家屋への移住を強いられた。遊牧民が受ける補償は、家畜の補償一度きりであり、安定した職や収入の見込みはない。[※158] その結果、彼らは、医療業界で高い価値を持つ需要の高い冬虫夏草（きのこの一種。薬や料理に用いられる）の採集・販売に頼ることになる。夏の間、彼らは冬虫夏草を探す。[※159] 地域によっては、指導者が通帳を発行し、冬虫夏草販売の収益を得ることができる。この際、役人が仲買人となり、仲買人が収益の大部分を持って行く。役人が収益の大半を持って行く見返りに、映画の上映会が行われ、

安く酒が振る舞われることもある。収益の配分をめぐって衝突が起きることもあり、死者が出ることもある。2010年6月17日、ジョナサン・ワッツは、ガーディアン紙に、「2007年7月、衝突で8人が射殺され、50人が負傷した」と記している。※160

他にも遊牧民の伝統的価値観と宗教観を破壊する行為が行われている。草原に屠畜場を建設し、各世帯に屠殺する動物数のノルマを課しているのだ。※161ノルマの屠殺数を達成できない場合は罰せられる。カルゼ・チベット自治州セルシュル県では、屠畜場の建設反対の嘆願が行われた。この嘆願が拒否されると、ブムニャク僧院の僧侶と一般の人々が新たに嘆願書を提出した。

仏教にとって、これより大きな害はありません。

生きとし生けるものすべてを救えないとしても、
無慈悲に屠殺を行うことは仏教の教えに反しています。

これが人々の願いです。※162

この後、当局は嘆願書を提出した3人を逮捕した。

食糧の権利に関する国連特別報告者オリビエ・デ・シュッターは、2010年12月の中国訪問後、2012年1月20日に、『中国へのミッション』という報告書を提出した。この報告書は、チベット人遊牧民の定住問題に焦点が当てられており、遊牧民の草原からの望まない定住を停止するよう求めている。また、都市に定住した人に対しては、十分な生活が維持できるよう、雇用機会、教育、健康サービスを向上させるよう求めている。

また、同報告書は、中国政府に対し、「草原の持続可能な管理を含むあらゆ

るオプションを遊牧民が選べるよう遊牧民と意義ある話し合いを行う」よう求めている。※163

　2012年3月、ジュネーブで行われた第19回国連人権理事会のディベートセッションで、オリビエ・デ・シュッターは、中国政府によるチベット人遊牧民の定住政策に異議を唱えた。

中国には多くの深刻な問題があります。
特に、チベットの遊牧民の状況は深刻です。

　オリビエ・デ・シュッターは、2011年3月以降25人のチベット人が焼身抗議を行っており、そのうちの18人が都市に強制移住させられた遊牧民であったことから、定住政策は失敗だと述べた。

この政策が『とても人気のある政策』などとはとても言えません。※164

　中国政府は、チベット人遊牧民とその生活様式が環境に対する脅威だと非難してきた。また、「自給自足の伝統的な考えに基づく原始的な生活」であり、「家畜を売ることで収益をあげられることを知らない」と主張してきた。※165
しかし、実際は、脅威に晒され、絶滅の危機に瀕しているのは、何世紀にも及ぶ遊牧民の生活様式と文化的アイデンティティなのだ。

■　結論

　この60年間、中国政府は、チベット仏教・言語・文化的習慣・伝統的な生活様式を破壊し、チベット人の文化遺産を体系的に根絶やしにしようとしてきた。

　文化的ジェノサイドは昔も今も存在している。文化の同化政策は、チベットの同化につながる。

　中国政府の帝国主義的な動きが、チベット仏教文明の破壊につながっている。中国政府は国際規範・国際法を守り、失敗したチベット政策を正すのか。それが問題である。

第5章
チベット高原の環境悪化

■ はじめに

　チベット高原の生態系が置かれている状況は驚くほど悪化している。これには、自然要因と人為的要因がある。特にこの数十年間、チベット高原への地球温暖化の影響は顕著である。あいにく、中国政府の環境政策は脆弱で、誠実な環境保護政策はない。そのため、状況は悪化する一方だ。資源の乱獲により、チベットの環境は大規模破壊され、人々は苦難に直面している。無慈悲な開発は続き、土地も空気も水も汚染されている。現在の環境破壊が続けば、チベットは、中国の新たな毒された地域となるだろう。これは、チベット、中国にとってだけの災害ではなく、チベットに源流を持つ大河の流域に住む何百万人ものアジア人にとっても災害でもある。

　チベット高原の気候は、チベットの文化・生活様式に大きく影響する。歴史的に、チベット人は環境を保護し、敬ってきた。絶え間なく変動する気候に適応し、強固な文明を築いてきた。チベットの古代ボン教文化は、山や湖に神が存在すると考え、生態系を神聖なものと考えた。それが、数千年に及ぶチベットの脆弱な生態系の保全につながった。7世紀、ソンツェン・ガンポ王は、動物の殺生をした部下を懲戒する勅令を発表した。また、パクモドゥ派の創設者タイ・シトゥ・チャンチュブ・ギャルツェン（1302〜1364）も狩りを禁じる勅令を出し、当時としては独創的とも言える大規模植林政策も実施した。そして、毎年20万本の木が植えられた。1642年〜1959年のガンデン・ポタンの時

代（ダライ・ラマを頂点とするラサに拠点を置いたチベット政府）には、環境保護政策はさらに強化された。ダライ・ラマ5世と13世は、生態系が重要な場所において、狩りや木の伐採を固く禁じた。環境保護は、ダライ・ラマ14世が掲げる3つの公約の1つでもある。

■ チベット高原の世界的な重要性

チベット高原の生態学的な役割および世界的な重要性は、「世界の屋根」、「第三極」、「アジアの水がめ」、「天気メーカー」といった呼び名から明らかである。

「世界の屋根」チベット高原は、海抜4,000m以上の高地にあり、その広さは250万平方キロメートルにもなる。面積は地表面積の2%近くにもおよび、世界で最も高く広い高原である。[166] また、46,000個の氷河が、105,000平方キロメートルを占めている。この氷河から、地表で最大規模の新鮮な水が生まれている。氷の量が北極、南極に次いで世界第三位であることが、「第三極」の言葉の所以だ。

さらに重要なことに、チベット高原はアジアの6つの大河、長江、黄河、メコン川、サルウィン川、インダス川、ブラマプトラ川の源流となっている。これらの川の恩恵に与っているのは、パキスタン、インド、ネパール、バングラデシュ、ビルマ、タイ、ラオス、カンボジア、ベトナム、中国に暮らす人々だ。チベットから流れ出たアジアの大河は、世界の人口の5分の1が暮らす地域の社会・経済発展に大きく寄与している。[167]

また、インドや東アジアで起きるモンスーンの時期や強さは、チベット高原の気候変動の影響を大きく受ける。チベット高原の人為的な土地利用の変化に

146

より、インドのモンスーンは強くなり、中国東部のモンスーンは弱くなっている。[168] このため、チベット高原は、「アジアの天気メーカー」と呼ばれる。ヨーロッパや北東アジアの熱波はチベット高原の残雪量の減少に関係があると言われている。[169]

チベット高原の生態学的健全性が、中国の安定な社会・経済・環境に重要なのは明らかである。中国の偉大な文化・歴史・経済は、チベット高原に源流を持つ黄河や長江流域で育まれてきた。しかし、現在、中国の河川の40％以上は深刻に汚染されており、さらに、河川の20％の水は、手で触れるのも危険なほど毒性を帯びている。[170] 湖などの水がめも人間が消費したり、釣りをしたりするには不適切である。[171]

チベット高原の土地、空気、水の汚染は深刻な結末をもたらす。中国のいくつかの省とは違って、チベットでは長きにわたり自然環境が保全されてきた。しかし、中国政府の統治の下、チベットの環境は急速に悪化しており、数百万人の中国人観光客がチベットで新鮮な空気を吸い、人為的な影響を受けていない生態系を目にするのは今後ますます難しくなっていくだろう。

■ チベット高原の気候変動の影響：氷河の減少

チベット高原の大きな気候変動の結果、急速に氷河・永久凍土が減少し、砂漠化が進み、前例のない自然災害が起きている。

チベット高原には46,000個の氷河が存在し、その集中状態は北極と南極を上回り、世界最大である。しかし、急速な気温上昇により、「第三極」は急速に溶解している。1950年以降、チベットでは、10年毎に0.3℃近くの気温上昇が記録されている。これは、世界の気温上昇速度の2倍である。この気温上昇

の結果、82％の氷河が溶解に向かっており※172、さらに、1950年代以降、新たな氷河の増大はない。※173　また、夏の到来が早まり、氷河溶解の時期が早まり、長く続くようになった。※174　この溶解速度が続けば、2050年までにチベット高原の氷河の3分の2が失われると科学者は警告する。※175

　氷河の急速な溶解により、東・東南チベットで雪山が減少している。山頂に万年雪があるのはかつて当然だと思われていた山々も、雪を抱く時期は限定的になっている。溶解した氷河は川へ流れ込み、チベットでは夏場に洪水が増えている。また、氷河の溶解によって形成された氷河湖は、いつ決壊するかわからない。氷河湖決壊による洪水は、ネパール・ブータン・インドにとって大きな脅威である。幸運なことに、チベットでは、これらの国に比べて、氷河湖決壊による洪水は少ない。しかし、安心はできない。チベット政策研究所（チベット亡命政権の一機関）の研究者は、東チベットのカムの山岳地帯に新たな氷河湖が数十個形成されたことを確認している。

　中国政府は、チベットの山に形成された氷河湖を監視するための手立ても投資もほとんど行っていない。氷河湖決壊といういつ起こるとも知れない災害を防ぐには、中国政府の真の努力が必要だ。不安定な自然のバリケードの間に生まれた氷河湖はいつ決壊してもおかしくない。災害後の支援活動に焦点を当てるのではなく、災害の予防に努めることが人々の命を救い、損害を和らげることにつながる。

■ 永久凍土の減少

　チベット高原の約70％が様々なタイプの永久凍土で覆われている。そのほとんどが高山性永久凍土だ。※176　永久凍土が夏場に適度に溶けると、雨の少ないチベット高原で野菜を育てる助けとなる。これにより、チベット高原の

北・北東部で広大な草原が維持されてきた。しかし、2001年に『砂漠研究』に投稿された記事によると、1995年時点で31万3千平方キロメートルが荒廃しており、それとは別に3万平方キロメートルが砂漠化する可能性があるという。国連開発計画の2007年の報告書によると、年間2,330平方キロメートルの割合で、チベットの草原は砂漠化しているという。※177 2012年の『中外対話』では、北東チベットのゾイゲ湿地が年間10%ずつ砂漠化していると報告された。高山草原は、チベット高原で最も多様な生態系が存在している場所であるが、永久凍土の減少が、草原の砂漠化に拍車をかけている。この状況が続けば、チベットの大部分が砂漠化するだろう。

　中国政府はこの問題に気付き、対策をとってきた。しかし、対策は大きな成果をあげることはなかった。現地の生態系に詳しいチベット人に相談したり、協業したりすることはなく、対策はチベット人に十分知らされずに行われた。

　このような中国政府の傲慢な態度は、問題を解決しようとする誠実さに欠けるものである。例えば、中国政府は、カルゼ・チベット自治州を中心にシーバックソーンの木を植えた。これは、中国北部の砂漠で行われたのと同じ手法であった。しか

チベット・チャムド地方の洪水

し、森林が多く、肥沃で、適度な降水もあり、川も流れるカルゼには、シーバックソーン以外の植物が植えられるべきであった。この誤った政策は、人々の暮らしや土地の肥沃さに影響した。これは、社会的・地理的違いを考慮せずに同じ政策を実施し、社会・

環境を害した一例である。チベットには植林と現存する森林の保護が必須だが、人々の理解を得られる現実的なアプローチが必要だ。

　永久凍土の急速な減少によるもうひとつの脅威は、大気中への二酸化炭素放出である。世界の土壌中に蓄積されている炭素の３分の１が永久凍土地域にあるとされ、チベット高原の永久凍土には123億トンの炭素が埋蔵されているという。※178　それ故、永久凍土の溶解は二酸化炭素の大気放出につながり、地球温暖化はさらに進むことになる。

　2017年８月30日にはマチェンで地滑りが、2017年９月７日にはザトで土石流が起きた。これらは、永久凍土溶解の深刻さを明確に示すものだ。凍土から溶け出た水が土壌にしみ込んだ結果、土壌が緩んだのだ。中国政府は、このような災害の十分な予防政策をまだ出していない。

チベットで土砂崩れが発生

■　破壊的採掘：無視された公共の利益と環境規範違反

　中国当局がチベット統治を始めてから、チベット人の社会・環境・経済のニーズは無視され、破壊的で無責任な開発が行われてきた。採掘と観光業をチベットの産業の柱に据えるのは、中国政府の言う「調和的で共生可能な経

済・社会・生態環境と互換性のある持続可能な道」※179 に反している。とりわけ、チベットの聖なる山での採掘は、環境軽視であり、現地の人々の文化的感情を踏みにじる冒とく行為である。チベット人の聖地への信仰が、生態系が脆弱なチベットの環境保護に貢献してきたという科学研究が空しく聞こえてしまう。※180

チベットには推定132種類の鉱物が埋蔵されており、世界的に見ても重要な資源埋蔵地だ。とりわけ、クロム、塩、銅、銀、石炭、金、リチウム、鉛、亜鉛、アスベスト、石油、天然ガス、マグネシウム、カリウム、ウランの埋蔵量が多い。これらの天然資源の採掘が中国政府主導で精力的に行われている。中国の経済発展のためと、高価な輸入品への依存度を下げるためだ。中国地質調査局の2007年の報告では、チベット高原に、3〜4000万トンの銅、4000万トンの亜鉛、数十億トンの

チベットから中国東部に運ばれる木材

チベット環境破壊の脅威

鉄が埋蔵されているという。また、ユロン銅山には780万トン以上の銅の埋蔵が確認されている。ユロン銅山は、中国最大、アジア2番目の銅山だ。また、

2010年の調査では、「チベット自治区」だけで、102種類の資源を埋蔵する土地が 3 千あるという。※181

中国当局による破壊的で非倫理的な採掘により、チベット人の抗議が起き、調和が失われている。採掘に関連した大規模抗議が30以上起きている。以下では、採掘の結果生じている環境破壊の例を紹介する。

■　ザトでの採掘

2013年 8 月16日、北チベットのザトのザチェン、アトド、チザのチベット人4500人以上が、三江源国立自然保護区内の聖なる山での採掘に抗議した。※182

> どうしようもない。
> ここに正義はない。

抗議活動に参加したソクポ・チュダはこう叫んだ。抗議活動参加者に対し、約500人の中国準武装部隊が催涙ガスとゴム弾を発射した。その後、ソクポ・チュダは、刃物で自分の体を刺した。

三江源国立自然保護区は、2000年、中国政府により設立された。長江、黄河、メコン川の上流の水源、資源を守るためであった。保護区には広大な草原が広がっており、チベット人遊牧民が暮らしていた。この地が保護区に指定された際、多くの遊牧民が強制退去させられた。しかし、2013年になると、青海省政府は、アトド、ザチェン、チザでの採掘許可を出した。これらの地域は、明確に保護区内にあると規定されている。※183　中国政府が13年前に制定した法律を中国政府自身が破ったのだ。この事態を受け、中国政府がチベット人を草原から退去させるのは、採掘のためではないかという疑念が強まった。最

近、多くの地域が保護区に指定されているのは歓迎すべきである。しかし、中国政府に保護区を守る誠実さが欠けていることには驚かされる。

　保護区の保全違反のもうひとつの例が、ムリにある石炭鉱山の露天掘りだ。このことは、2014年8月7日、グリーンピース中国の潜入調査で明らかになった。[184]　調査チームは、ムリに4つの石炭鉱山があり、そのうちの2つで採掘が行われていることを確認した。もう2つの鉱山での採掘もまもなく始まる状況であった。2013年までに、ジアンカン・ジュフゲン両採掘場は拡張し、42.6平方キロメートルの草原が失われた。両採掘場も、これから採掘が始まろうとしている2つの採掘場も、祁連山脈国家級自然保護区内にある。グリーンピース中国の報告書には、これらの地域の保護活動が厳しく行われるべきだと記されている。

■　ギャマ採掘場での地滑り

　2013年3月29日、ギャマの採掘場で起きた地滑りで、83人の労働者が犠牲になった。中国政府は、ただちに発表を行い、地滑りが自然災害であるとの結論を出した。[185]　新華社通信は、独自の調査を行うことなく、政府の発表をそのまま忠実に報道した。しかし、2013年4月9日に、チベット亡命政権環境・開発局が発表した評価報告書では、地滑りの要因は採掘場の管理ミスによるとの結論に達した。[186]

　ギャマ採掘場では、短期間に利益を最大化するために、急速に採掘が行われた。採掘、川の水路の変更、道路建設のために、すべての地表面が掘られた場所もある。山肌が完全に削られた場所もある。このような大規模な採掘が大災害を引き起こすのは時間の問題であった。

ギャマの地滑りは、自然災害ではなく、人災だ。
中国政府が世界に対して言っているような氷河の動きが原因ではない。

当時、採掘プロセスの一環として、岩が細かく砕かれていた。
地滑りが起きた山の東側には、
採掘によって生じた細かい石が堆積していた。

これが地滑りを引き起こしたという十分な証拠を
環境・開発局は掴んでいる。※187

■　ミンヤク・ラゴンの河川の汚染

　2016年5月4日、カルゼ・チベット自治州ミンヤク・ラゴンのリチュ川で突然魚が大量死した。現地の人々は、現地でリチウムの採掘を行っていたロンダ・リチウム社に対し、抗議を行った。※188 同社は、ニャクチュ川支流にリチウム廃棄物を流していた。※189

　河川の汚染が問題となったのはこれだけではない。2013年にも、同じ川がリチウム廃棄物で汚染され、川の生物が死に、飲み水として適さなくなった。

　2014年9月23日には、ラサ近郊のシガツェ州ルンドゥブ県のドカル村とジブク村のチベット人1000人以上が、ギャマ採掘場が川に毒物を流していることに抗議した。川は飲み水、灌漑、動物飼育用の水として使われており、その近くに採掘場があった。予想できたことではあるが、役人は、川の汚染の原因が自然現象であり、採掘企業が原因ではないと宣言した。しかし、2010年に発表された記事「採掘がチベットのギャマ谷に及ぼす環境影響」の中で香という人物は次のように述べている。

環境面での大きな懸念は、大規模な採掘と谷への堆積物である。

堆積物には、鉛、銅、亜鉛、マグネシウムのような重金属が含まれている。
堆積物の成分は、水や浸食により外へ流れ出る。
その結果、現地の将来の環境リスクは高まっており、
川が汚染される危険がある。※190

現地の住人は、RFAに対し次のように述べている。

昔は、川はきれいで、山や谷は美しいことで知られていました。
しかし、今、川は採掘場から来る毒で汚染されています。※191

■ アムチョクの聖なる山での採掘

　2016年5月31日、カンロ・チベット自治州ラブランのアムチョクのチベット人約2000人が集い、聖なる山ゴン・ニョン・ラリでの採掘に抗議した。8つのコミュニティから非常に神聖と見なされているこの山で採掘を行うことは、現地の住人の民意と信念に大きく反するものだ。抗議活動参加者は、「環境の保護、聖なる山の保護、人々の安全の確保」を訴えていた。

　この抗議活動を中国当局は残忍に弾圧し、多くの負傷者が出た。また、6人が拘束された。

　聖なる山での採掘により、現地のチベット人の感情・懸念が無視された。この結果、焼身抗議も起きている。2012年11月20日にはツェリン・ンゴドゥプが、同年11月26日にはコンチョク・ツェリンが、2013年12月19日にはツルティム・ギャムツォが焼身抗議を行っている。中国の鉱物資源法には次のように記され

ている。

> 民族自治地域で鉱物資源の採掘をする際は、
> 当該地域の利益を考慮し、当該地域の経済発展、
> 現地の人々の幸福のために好ましい段取りをしなければならない。

　しかし、近年では、採掘による環境破壊、それに対する平和的な抗議への弾圧が増えている。現地の利益の保護・尊重は見られない。チベット人に失望が広がっても、中国政府はチベットの環境・文化・人々への理解や懸念を示さない。

■　無責任なダム建設：チベット高原を不安定化させ、アジアの数百万の人の生活を脅かすメガダム

　1950年代以降、チベットでは、止むことのないダム建設が行われてきた。最近は、メガダム建設が盛んであるが、地震活動が活発なチベット高原にメガダムを建設することで、地震活動が悪化する恐れがある。[192] プローブ・インターナショ

メコン川上流に大規模なダムが建設中

ナルは、2012年4月、中国西部に建設されているダムの98.6%が、地震の危険性が中程度から非常に高い地域に位置していると警告している。[193] 2017年11月には、ニンティで地震が断続的に発生したが、これは多数のメガダムが建設された地域であった。[194]

メガダム建設が、野生生物の生息地や川の流れに影響したのは明白である。しかし、最も大きな脅威は、四川大地震や魯甸地震に代表されるようなダム誘発地震である。メガダムは、地震を誘発

チベットのロカにあるザムチュ水力発電所

するのみならず、地震の被害も受ける。地震によってメガダムに損傷が起きると、連鎖反応が起き、地震の影響が拡大する。范暁によると、8万人の死者が出た四川大地震と2014年の魯甸地震は、紫坪埔ダムと渓洛渡ダムを含む近隣のメガダムにより誘発されたという。※195（范暁は四川地質鉱物局主任技師であった）リスクが明白で科学者から警告が出されているにもかかわらず、中国政府は地震多発地帯のチベットにメガダム建設を続けている。中央チベットのギャツァのヤルルン・ツァンポ川には、510メガワットの発電能力を誇るザミュ水力発電ダムがある。これは、2015年のネパール大地震を引き起こした断層に近い。東チベットのニャロンのニャクチュ川に建設された両河口ダムは、四川大地震と魯甸地震の震源に近い。また、マルカムとバタンの境界を流れる長江に建設された120万キロワットの発電量を誇る蘇哇龍発電所も地震多発地帯に近い。

　記録に残る最も大きな地震の一つは、1950年に起きたマグニチュード8.6のアッサム・チベット地震だ。チベット南東部のニンティ、チャムド、ザユルでは数百人の死者が出た。地滑り、地割れが多発し、メトクのイェドン村は村ごとヤルルン・ツァンポ川へと押し流された。この巨大地震では、インドにも大きな被害をもたらした。地滑りにより、アルナチャールとアッサムを流れるスバンシリ川が堰き止められた。堰き止められた水は8日後に決壊し、23フィートの高さの地上の津波が発生し、536人が犠牲になった。※196　今日同程度の地

割れが起きれば、ダムの壁が損傷したり、地滑りが起きたりして、ダムを決壊させる恐れがある。チベットでの相次ぐメガダム建設により、大災害の危険性が高まっているのだ。

　数百の大河が流れるチベットでは、チベット人の人口は少ない。チベット人に必要な電力を賄うには、小型の水力発電所あるいは太陽光発電で十分である。しかし、中国政府は、急速な採掘・都市化のための電力を賄うため、ダム建設を推進している。2009年11月28日、チベット自治区チャムドのオドゥオ水力発電所（当時チベット自治区で2番目の大きさを誇った水力発電所）の建設を祝う祝賀が開かれた。当時、チベット自治区副書記であったペマ・ツェワンは、この発電所で、ユロン銅山採掘の電力が賄えると述べていた。※197　ユロンは、中国最大の銅の埋蔵量を誇る。ラサ・ニンティ・成都を結ぶ鉄道も、直線ルートを外れ、ユロンを通っている。※198

　ダム建設のもうひとつの理由は、南チベットのニンティのような場所に漢人を大量移住させることだ。ニンティは、大きな森林に囲まれているが、気温は適度だ。中国政府は、漢人移民を促進すべく、高速道路、鉄道、空港、メガダム建設に急速な投資を行っている。

　メガダムの建設は、二酸化炭素排出量削減の狙いもある。中国政府が二酸化炭素排出量をコントロールし、2030年までに全エネルギーの20％を再生可能エネルギーで補うことをコミットしている点は歓迎すべきである。※199　しかし、この目的のために、チベット高原を破壊し、チベット人を立ち退かせることは許されない。南チベットのニャクチュの両河口ダム建設の際は、約6千人のチベット人が先祖代々の土地を追われた。※200

■ 草原を追われるチベット人遊牧民：貧困に直面する草原の番人

チベットの70%は草原であり、草原の中の60%は高地草原である。耕作が難しい標高の下で、低温に適応して遊牧が行われてきた。考古学的調査によると、遊牧民は、草原のダイナミクスを理解し、家畜に関する知識を持っていたという。そして、8千年以上にわたってチベット高原で独自の遊牧文化が引き継がれてきた。

今日まで、チベット人遊牧民は、生態系に優しい自給自足の生活を営んできた。しかし、中国政府は200万人以上のチベット人遊牧民を追放し、都市に定住させた。※201 そこには、医療も教育も仕事もない。人々は、尊厳ある生活を奪われ、アイデンティティを失った。

中国政府は、遊牧のみが草原の荒廃の原因だという誤った認識に基づき、遊牧を禁止し、草原を回復させるとしている。しかし、中国人科学者を含む多くの科学者が、健全な生態系を維持するために適度な遊牧が必要だと広範に記している。チベット人遊牧民の強制追放が草原の荒廃を加速させているのだ。

チベット人遊牧民の強制再定住は、中国政府の無責任な統治に他ならない。遊牧民は十分な理由もないまま草原を荒廃させていると非難される。そして、伝統的な生活様式を奪われ、農地も家畜も職もない場所へ再定住させられ、貧困にあえぐ。※202 再定住の際に約束された学校、病院、職はない。

■ 大量のゴミ投棄：都市にしかないゴミ処理施設

　中国政府は、チベットで増大する人間活動に対応するために最も基本的な対策を忘れている。ゴミの管理とゴミ管理施設の建設だ。急速な都市化により増大する人間活動、旅行者・巡礼者・建設労働者の流入により、大量のプラスチックがチベットに持ち込まれ、見境なく捨てられている。ゴミの管理に関する有効な対策が取られておらず、山や川にゴミが溢れている。しかし、かつてのゴミは自然分解されたが、プラスチックは分解されずに、環境に留まる。

　ゴミ管理に対する投資が行われているのは、いくつかの観光センター、ギャルタン、ダルツェド、ラサ、シガツェ、キェグド、ジツァデグなどの政府の大きな役所がある都市だけだ。ひとたびこれらの街を離れれば、ゴミで溢れかえっている。ゴミの管理など存在しない。現地の人々は自力でこの状況に対処するしかなく、自発的に環境団体を設立し、山々からトラック何台分にもなるゴミを回収している。ゴミ処理設備がないために、ゴミを焼いてしまい、意図せずさらなる環境破壊が起きる場合もある。現地のチベット人は、政府に対し、ゴミ回収トラックを地方にも巡回させ、ゴミ処理設備を建設するよう求めている。

　ゴミ問題を解決するために十分な、そして、持続可能なインフラやメカニズムを提供するには、未来を見据えた指導者が必要だ。しかし、中国政府はこの差し迫った問題を解決できないでいる。一般の人や役人に対し、ゴミ問題の深刻さ、それが環境に与える影響について周知しなければならない。そして、ゴミの管理をし、ゴミ処理設備を整えなければならない。

■ 増加する自然災害：見過ごされ、対処されていない脅威

　2016年は、歴史上類を見ないほどの短期間に自然災害が続発した。7月9日には、北東チベットのツォロで土石流と地滑りが起き、2人が死亡し、14人以上が負傷した。北部チベットのチュマレブとマトでは、7月、干ばつに見舞われ、川が干上がり、魚が大量死した。7月17日には、西部チベットのンガリのルトクで、氷河の崩落が起き、9人が死亡し、110頭のヤクと350頭の羊が生き埋めになった。※203　8月22日には、北東チベットのラブランとサンチュで洪水が発生し、多くの家屋が破壊された。

　2017年も自然災害は続いた。6月15日には、ロンダクで洪水が起き、6千以上の家屋と3万人が被害を受けた。6月16日は、ソクゾンで洪水が起き、4棟の家屋が被災した。7月6日のデゲでの洪水でも多くの家屋が被災した。7月にジョンダで起きた洪水では、3人の命が失われ、多くの家屋が被害を受けた。現地のチベット人は頻発する自然災害を憂慮している。科学者、研究者、一般のチベット人も、これが「チベットの新たなる通常」になったのではないかと恐怖を抱いている。※204

　あいにく、中国政府は、これらの自然災害への対応をほとんど行っていない。予防措置・適切な政策が実施されなければ、さらに人命、家屋が失われる。川に堤防をつくるというような少しの作業でも、災害は防ぐことができる。

　2015年、中国科学院は、地滑り、洪水、雪害、森林火災を含む自然災害が増加していると報告している。※205　しかし、政府はこれらに対処するための措置や政策を講じていない。

　資源の採掘、ダム建設により、気候変動は悪化している。採掘は、地滑り、

草原の荒廃、水質汚染につながっている。ツォロのチベット人は、最近の土石流の原因が、過剰な採掘と山を通り抜けるトンネル建設にあると非難している。※206

近年、中国政府が打ち出している環境政策の多くは、東部の海岸沿いの汚染に対するものであり、チベット・ウイグルの環境問題は蚊帳の外に置かれている。

■ 結論

2015年の新環境保護法は、歓迎すべきステップであった。しかし、新法の公平かつ着実な実施は、チベットではまだ見られない。新法が着実に実施されていれば、メガダム建設、採掘拡大、平和的な抗議活動に対する弾圧など起きるはずはない。

このような矛盾、不誠実は多岐にわたる。例えば、2006年以降、ダライ・ラマ法王の助言により、多くのチベット人が、動物の毛皮や皮膚でつくった伝統的な服を着なくなっている。伝統的に高い価値が置かれていた服を諦めることは、環境に対する大きな貢献である。しかし、中国政府は、チベット人の役人や議員に、動物の毛皮を着るよう強要している。これは、125種の動物を国家的に保護するとした新法と矛盾し、その価値を損なうものである。

中国政府の環境に関するよい面は、チベットに国立公園と国立保護区を増やした点である。将来においては、法策定の際に、チベット人の文化的感情も考慮されるべきである。

中国は、パリ協定で大きな役割を果たすべき国である。紙の上だけで興味を

示すのではなく、実践が必要だ。

　ダライ・ラマ法王は、環境保護が政治問題よりも優先する普遍的な問題だとかねがね言ってきた。中国政府はチベット人と共同でチベット高原を保護し、これ以上の被害や荒廃を防がなければならない。

第6章

チベットの経済発展の本質

■　はじめに

　中国政府がチベットに関する2015年の白書を出した後、同年9月6日の『中華日報』は、チベットは今「黄金時代」を迎えていると報じた。※207　同日、新華社通信は、「都市、地方の両方の住人の生活環境が大きく改善した」、「チベットのGDPは1965年の3億2700万元から2014年の920億800万元へと280倍に増加した」と報じた。※208　また、2017年7月29日の中華日報は、「チベット自治区は大きな経済成長を享受している」、「上半期のGDP成長率は10.8%である」と報じた。※209

　このようにして、中国政府は、チベット人が「黄金時代」に暮らしているかのような尊大なイメージを植え付けている。

　この経済成長は、中国政府が自身の実績をアピールする際に使う尺度である。白書には、「1994年以降、チベットのGDPは年平均12.4%の成長を続けており、二桁成長は20年連続」と記されている。国家的な巨大経済変革がチベットで起きたのは確かである。しかし、中国政府の規制により、研究者、記者がチベット、とりわけ、チベット自治区を独立して調査、報告、研究するのはますます難しくなっている。チベット経済と中国の開発政策に関する偏見のない科学的研究を行うのは著しく難しい。

　研究が難しい理由は、中国政府がチベットを分断したためだ。1965年、中国政府はチベット自治区を設立した。2010年の中国国勢調査によると、チベット自治区のチベット人の人口は300万強である。人口630万人のチベット人の残りの330万人は、四川省、雲南省、甘粛省、青海省に組み込まれたチベット自治州に住んでいるのだ。※210　今日の分断されたチベットにおいて、チベット経済・チベットにおける中国政府の開発政策を包括的に科学的に正確に研究することは難しい。チベット経済を理解するには、分断されたチベットの情報やデータを統合する必要がある。

　このような困難な状況の中、この数十年間のチベットにおける中国政府の開発プロジェクト・開発政策に関する独立した素晴らしい研究がわずかながら存在する。これらの研究の多くは、中国政府が発表した統計を分析し直したものである。中国政府の統計、その他の広範な経済トレンドを批判的に読むと、憂慮すべき中国政府の開発政策が浮き彫りになる。

　チベットのGDPだけに目を向けるとミスリードされる。チベットのGDP成長は、中国政府の大規模な助成金によるものだ。経済発展というのは、単なるキャッシュの流入にすぎない。開発はチベット人のためのものではなく、チベット人にとっての「黄金時代」は存在しない。中国政府は自分の利益にしかならないようなアプローチを行っているのだ。

　この詳細を、中国政府のチベット開発政策の歴史を振り返りながら、以下で見ていくことにする。チベットの現在の経済状況が明らかになる。

■ 1950〜1980年代：チベットの社会主義改革

　1950年、人民解放軍が東チベットのカムとアムドを落とすと、毛沢東は社会主義改革をチベットに持ち込むと決めた。しかし、毛沢東は、漢人とチベット人の違い、何世紀にもわたる両者の関係を認識していた。また、当時、中央チベットの人々が抵抗していることも知っていた。そのため、1950〜1958年は、チベット人エリート層の信頼を得るため、そして、チベットにおける軸足を確固たるものにするため、中央チベットで社会主義改革は行わなかった。しかし、それでも、チベット人一般市民の信頼は得られず、1959年の民族蜂起へとつながった。

　その結果、中国政府はそれまでとは違う結論にたどり着いた。それは、民族間の関係の改善には、まず、それぞれの民族内での労働者階級の完全解放が必要だという考えであった。そして、中国共産党は中国人の代表ではなく、中国内のすべての貧しい人の指導者そして代弁者であると宣言した。こうして階級闘争が始まり、チベット人の下層階級の人が、民族的にも宗教的にも、チベット人エリートに忠誠を誓うのではなく、中国共産党の方を向くように仕向けようとした。※211

　1959年の民族蜂起の後、中国共産党はチベットの改革を厳しく推し進めた。とりわけ、中央チベットで社会主義改革が行われた。毛沢東時代の中国政府の経済発展政策の重要項目は、農業改革、産業化、インフラ開発、相互支援、共同体システムであった。

　これらの社会主義改革に伴い、富裕層、貴族、僧院の資産は押収された。当初、押収された土地は平等に配分されていたが、それ以降は、集産化された。共同体システムの主目的は、短期間に国家の生産性を上げることであった。相

互支援と共同体システムを通じて、農民は、運河・ダム建設、未開墾の土地の開拓、灌漑を指示された。1959年の高い収穫は、改善された灌漑、労働者の勤労の結果と考えられる。人々は、1日に15時間以上労働した。中国政府は、共同体メンバーに割り当てる報酬を決める労働ポイントをつくった。一人の労働者が年間に得る労働ポイントは、3,500点ほどであった。1労働ポイントは、8分（100分が1元に相当）であった。したがって、一人の年収は288元ほどであった。また、1960年4月までに、18万6000ヘクタール以上の土地が10万の小作人世帯に割り当てられた。※212

　この相互支援システムが行われている間も、個人の土地所有は存在していた。しかし、1965年、中国当局は相互支援システムを取りやめ、毛沢東の「食べる量を減らし、生産する量を増やす」という急進的イデオロギーにチベット人を従わせる共同体システムを導入した。これにより、個人の土地所有は終わりを告げた。※213 1966年以前、ラサには1,200の小売業者が存在したが、その数は1975年には67に減少した。ジャルン県では、「資本主義を遮断する」という名目で、個人が所有していた3000の機織り機と糸車が破壊された。※214 また、不適切な作物の選択をして集中的な耕作を行った結果、1979年には大不作に見舞われた。

　所謂「改革」に加え、高速道路・建物の建設のようなインフラ開発プロジェクトも行われた。第1次5か年計画の一環として、ダルツェドとラサ、成都とンガバ、ラサとシガツェを結ぶ道路が建設された。毛沢東時代の終わりまでに、中国政府は、チベット自治区だけで、総距離15,800kmの91の高速道路と300の橋を建設した。

　チベット人作家ダワ・ノルブは、中国政府による改革と開発の基本的目的は、「解放」でも「発展」でもなく、「戦略的開発」であったと述べている。※215

1950年代と1960年代に建設された高速道路は、
当初、輸送と通信が目的とされていた。

しかし、チベットの統治、解放プロジェクトの目的も含んでいた。[216]

また、作家、ジューン・トイフェルは、道路建設は、チベットを中国に統合しやすくする目的があったと述べている。[217] 同様に、政治科学者エリザベス・フロイント・ララスとアレン・カールソンも、道路建設の目的は、チベットを中国に統合し、チベットと中国の差を小さくすることであったと述べている。[218] ほとんどが軍の直轄であった国営農場については、エミリー・イェーが民族研究の中で、国家的領土組織化、国家的編入であったと述べている。[219]

■ 1979～1988：経済改革と解放

　毛沢東の死後、チベットにおける中国政府の開発政策は変化した。1980年3月のチベット工作会議、胡耀邦のチベット訪問後、中国政府は生産責任制を実施した。これは土地を分割して世帯に割り当て、中央政府から離れた管理チームが農家の生産を管理するシステムであった。このシステムは当初農業に適用されたが、後に、他の分野にも適用された。[220] チベットの経済解放は1980年に始まったが、それでも、中国政府の管理下のままであった。そのため、この政策も、チベットの中国への統合をさらに進めるものと見ることができる。[221]

　この期間に行われた重要な政策が2つある。「ペアリング支援」と観光業の強化だ。「ペアリング支援」とは、すでに発展した省や都市が、発展が遅れている地域とペアを組み、財政・労働者のスキル向上などの経済的支援をすることだ。[222] この政策自体は1960年に始められたが、チベットで顕著になった

のは1980年のことだ。1980年は、「人員の移動」、「国家財政支援」が柱であった。中国政府によると、この政策の主目的は、スキルのある漢人をチベットに送り込み、チベットを早期に発展させることであったという。※223

　1983年、中国政府は移住およびチベットでの就業に関する規制を撤廃した。その結果、5万人の漢人労働者がチベット自治区へ移住した。1984年には、1万の漢人世帯が近隣の省からチベット自治区の都市部へ移住した。同年5月だけで、6万人の漢人の行商人と職人が、新プロジェクトのため、チベットへと移住した。※224

　国家的財政支援に目を向けると、1984年の第2回チベット工作会議で、42の建設プロジェクトが承認され、その投資額は4億8000万元であった。1991年には、第8次5か年計画の下、河川プロジェクトとして、21億8900万元の投資が行われた。※225 1980年以降、中国政府は1960年代に行われていたような産業・農業への投資を倍増させ、経済支援を拡大させた。※226

　1980年代以降、観光業は中国政府のチベット開発政策の目玉となった。1981年、ラサは旅行者にオープンな街とされた。同年、1,059人の外国人観光客がチベットを訪れたが、これは1959～1979年の4倍であった。政治的な理由から、観光客の数は毎年1,500～2,000人に制限された。※227

　1984年、第2回チベット工作会議では、チベット自治区観光社が設立された。この会社は財務的に独立しており、損益は同社の責任とされた。1985年、中国国務院事務局は、国家観光局とチベット自治区政府が準備した報告書『チベットにおける観光発展プログラムについての報告』を発表した。この報告書は、関連部門に対し、チベットの経済発展のために観光業を支援するよう求めていた。1987年、チベットの観光業が、中国全体の経済にとっても重要であるとして、チベットの経済・社会発展計画に公式に盛り込まれた。1986年、チベッ

ト自治区観光社は、チベット観光局に改称された。

統計では、1985〜1987年に、88,902人の外国人旅行者がチベットを訪れ、968億700万元の歳入があった。1987年には、チベットを訪れた外国人観光客が4万3000人に達し、1億3000万元の歳入があった。[※228] 毛沢東時代の初期にあった「民族に関する神経過敏」は、チベットを近代化することを優先する政策に置き換わった。[※229]

この政策を支持する人々は、中国政府がチベットの経済をできるだけ早い段階で改善する意図があると主張する。加えて、漢人のチベットへの移住政策は、チベットの技術面の向上を狙ったもので、チベット人の職を奪う意図はなかったと主張する。[※230] しかし、経済政策は、チベット人を同化し、中国愛国主義に引き込む狙いがあるという人もいる。[※231] この立場の研究者は、規制なく漢人がチベットに流入することで、チベットが第二の南モンゴル、ウイグルになると見ている。この経済政策が続いている今日、チベットでは漢人の数がチベット人の数を上回っている。そして、市場経済の恩恵の大部分を享受しているのは漢人移民だ。

■ 1990〜2000: 安定と発展の時代

中国の経済開発政策の第三の転換期は1990年代に訪れた。1987〜1990年にチベットで反中国政府の抗議が起きたこと、中国政府とチベットの対話が行われたこと、チベットを支持する国際キャンペーンが増したこと、ダライ・ラマ法王の人気が高まったことなどがその要因である。1989年10月、中国共産党中央政治局常務委員会がチベット問題に関する特別会合を開いた。時の中国共産党チベット自治区書記であった胡錦涛は会議の議事録を公開した。議事録によると、チベット中国政府の主な任務は、安定と経済発展を維持することで

あった。しかしながら、社会の安定の基盤は経済発展にあるとされていた。※232
そして、「安定と発展」※233 の政策が実施された。1990年代に入ると、ダライ・
ラマを非難するキャンペーンが広がった。1994年に開かれた第3回チベット
工作会議では、安定と発展がさらに強調された。

　経済発展には4つの重要な目的があるとされた。それは、経済成長、国家の
連帯、分裂主義の抑制、社会の安定の維持とチベット人の生活水準の向上であっ
た。※234 政策については3つの重要政策があるとされた。それは、国家助成
金、移民、インフラ開発であった。※235 インフラ開発には、輸送設備、通信
設備、電気、農業技術、畜産、採掘、商業、サービス、教育も含まれる。この
期間に中国政府は62の建設プロジェクトに48億6000万元を助成した。中国政
府の新政策の土台は、経済成長と近代化であった。※236

■　過去の中国政府の経済政策の累積影響

　過去60年間のチベット経済の最も根本的な変革の1つは、農業からサービ
ス業への大規模な移行である。中国の統計年鑑によると、かつてチベットで
主流であった農業と遊牧における労働者数は激減している。農業あるいは遊
牧に従事していた人々の割合は、1959年には73.6%であったが、2008年には
15.3%に低下した。※237 逆に、サービスセクターに従事している人の割合は、
1959年は15.8%であったが、2008年には55.5%に急増している。

　これらの数字は近代化を示していると見ることができる。しかし、チベット
人にとっては必ずしもそうではない。この期間、差別とまでは言わないまでも、
チベット人は漢人により周辺に追いやられた。チベット人が成長の恩恵に与る
のは難しい。

チベット人が恩恵に与るのが難しい理由は、就職差別である。しかし、その根本にある最大の理由は教育である。新セクターにチベット人が入っていくためには、ある程度のレベルの教育とスキルが必要である。読み書き能力は、新セクターに入っていくには多くの場合必要である。識字率は発展の指標とも言えるが、チベットでは依然として低い。チベット自治区の住人の公式の非識字率は、中国語について測られたものではあるが、2015年の段階で33.73%であった。※238　この数字は、中国の中で最も高く、2番目に高い青海省の倍以上である。チベット語の識字率に関する公式統計はないが、チベットの学校での指導で使われる言語が中国語にますます変わっている状況を考えると、チベット語の識字率も低下していると思われる。

　チベット人の識字率が低い理由の一端は、多くのチベット人が学校に行かないことにある。中国の国勢調査によると、チベット人の人口は、2000年には540万人であったが、2010年には630万人であるという。人口は増えているが、学校に通っている学生数は減っている。例えば、ンガバでは、学校に通っている生徒の数は、2006年には98,984人であったが、2014年には74,995人に減少した。チベット自治区においては、2000年の段階で、38%の若者が教育を受けていない。2000年の国勢調査では、教育の恩恵を受けていないチベット人の割合は、国平均よりもかなり高い。国全体では、学校に行っていない人（6歳以上）は7.7%であるが、チベット人は45.5%である。

　これらの統計において最も重要な要因は言語そのものである。ビジネスでチベット語の価値が低くなっていることにチベット人は幻滅している。チベット人の親は中国語を学ばせるために子供を学校に送ろうとは思わない。しかし、実際には、給料のいい仕事には中国語が要求されており、チベット語しか話せない人は不利だ。

　党の基幹人員の雇用においても、チベット人と漢人の格差がある。2003

年時点で、チベット自治区の基幹人員の平均年収は26,931元であり、国平均14,040元の2倍近くになっている。これを上回るのは、上海の27,304元だけである。チベット自治区の基幹人員の給料が高いことから、チベット外からチベットに漢人が流入する。しかし、このような職に就けるチベット人は少ない。2001～2003年にその数は激減した。一方、同時期に漢人の雇用は激増した。※239

　基幹人員の数は、2000年には69,927人であったが、2003年には88,734人に増えた。しかし、このポストに就いたチベット人は2000年に50,039人であったが、2003年には44,069人に減少した。なお、民族別の基幹人員の数の発表は2004年に廃止され、これ以降の正確な人数はわからない。

　次に、チベットの収支について話題を移す。中国政府からチベットへの助成金は、1952～2013年の合計で542兆3430億元であった。これは、当地の歳入の91.45%にあたる。

　支出については、チベットの総支出の92.36%を中国政府が行っている。これは、社会の機能を支え、チベット問題を統制するために使われている。※240

　西・中部中国の中で、チベットは中国政府から最も多くの助成金を受けている。仮に助成金がチベットの人々に平等に分配されていたとしたら、一人あたりの額は、2010年基準で年間17,105元になる。助成金は、インフラプロジェクト、治安維持以外にも、ヘルスケア、住宅、食糧などにも使われている。中国政府からの助成金がチベットの経済のライフラインとなっている。助成金がなければ、チベット経済が成り立たないことは事実である。

■ 主体機能区画：中国政府の現在の経済発展アプローチ

　今日のチベットで、中国政府が主に使っている経済政策は主体機能区画である。主体機能区画を端的に言うと、ある地理的地域を経済活動の区画とする政策である。この政策は、2006年に第11次5か年計画の中核とされ、それ以降の中国の国家計画の中で重要な役割を果たしている。[241]

　第13次5か年計画で述べられているように、中華人民共和国国家発展改革委員会はチベットでの貧困削減に関する目標を策定している。

　我々は、貧困全般と戦うための措置を進める。
　貧困が慢性化している地域において開発を進め、貧困を削減する。

　国境地域および少数民族の多い地域でもこれを進める。

　ウイグル、チベット、四川省・雲南省・甘粛省・青海省の
　チベット人居住地域で支援を続ける。

　中央政府による1対1の支援プログラムの規模を拡大する。[242]

　これらの目的を達成するための手段として、住居の移転が主要プログラムのひとつとして挙げられている。

　生活が厳しい環境に暮らす人々で、
　政府の貧困支援プログラムに登録した人は、新居に移転することになる。
　今年は、200万人の移転を目標にしている。

地方の貧困撲滅のため、現地の利用可能なあらゆる資源を活用する。
それには、農業、林業、観光業、太陽光発電などが含まれる。

今年は、産業主導の下、600万人以上の貧困者の
貧困からの脱却を目標にしている。※243

　チベットでは、これらの政策は、主体機能区画毎に行われる。チベットを主
体機能区画に分けることの目的は、2003年のスローガン「放牧をやめ、草原
を増やす」の名の下、人々を草原から追放することにある。この点について、
中華人民共和国国家発展改革委員会は次のように述べている。

耕作地を森林や草原に戻すため、新たなプログラムを行う。
そして、植林を推し進める。

国立公園のシステム確立に向けて動いていく。
重要な水源では水環境を守り、主要地域の環境を守る。
これには、砂嵐に見舞われている北京や天津、砂漠化が進んでいる地域、
草原に戻すべき場所で放牧が行われている地域が含まれる。

大規模な生態系保護プロジェクトを開始する。
湖・湿地の生態保護を行い、
森林・草原・湿地・海洋の生態保護レッドラインを設置する。※244

　これらの目標は相互に関連している。食の安全性の維持・向上は、貧困者の
収入向上につながる。脆弱な土地を守ることは、人々を管理人としての職にあ
りつかせることになる。植林を行えば、水環境の改善、生態系の保全につなが
る。これらの目的が同時にすべて達成されれば、人間も動物もその土地にとど
まることができる。これが人間のみならず生態系にも最良の戦略だとする科学

的証拠が多数ある。※245

　しかし、中国政府はこれらの目的を別々に達成しようとしている。中国政府は、貧困撲滅のために、人を移住させている。役人の目には、チベット人はチベットに住んでいるから貧しいと映っている。極寒の厳しい環境が貧困につながっており、その土地に住んでいる限り貧困からは逃れられないと考えている。彼らがどこへ移転させられようとしているかは定かではない。また、食の安全は、都市に近い場所での大規模農業で解決しようとしている。主体機能区画が推進されれば、高原の大部分は、気候変動対策や水供給のための保護区や国立公園になる。主体機能区画により、大きな区画が「放牧されることなく草原を育てる」区画に割り当てられている。

　目的を別々に推進することは、高コストで非効率なやり方に見える。しかし、その背後にはロジックがある。それは、チベット人の分断だ。土地を分断することで、チベット人が国家の福祉政策に頼らざるを得なくなる。草原の管理は、チベット人遊牧民の手から、国家に移る。国家が土地の権利や雇用、職業訓練、都市の市場へのアクセスなどに責任を持ち、チベット人の国家への依存度が高まる。

　このようにすることで、国家がチベット人を管理しやすくなる。区画の中で断続的な監視が行われる中、チベット人はプレカリアートに成り下がる。主体機能区画により、地方のチベット人が減り、都市に人口が集中している。

■　成都・ラサ間の鉄道

　2006年、ラサに鉄道（青蔵鉄道）が開通した際、中国政府は、工業的成功だと褒めたたえた。

世界の最も標高が高い地点を走る天空列車の開通であった。中国政府は、あらゆる自然の障壁を克服し、チャンタン地域の氷河、高原の主となったと宣言した。列車の車両はカナダのボンバルディア社が製造した特注品であった。

それから数十年がたった今、北京、上海、成都などの主要都市から「中国のチベット」ツアーに参加する旅行者が毎日ラサに押し寄せている。彼らは認定されたガイドとともに観光地を回り、48時間をかけて北京や上海に戻っていく。

蘭州から、西寧、ゴルモ（ゴルムド）経由でラサを目指す人は少ない。貨物車両がわずかに道路を行き来するだけだ。中国政府が現地の遊牧経済を発展させられず、ラサの東側および西側の銅山の規模も小さいためだ。

2006年以降、中国政府は、鉄道、とりわけ、高速鉄道に大きな投資を行ってきた。各所をつなぐ鉄道を中国当局は誇らしく発表した。しかし、近年建設された鉄道は、青蔵鉄道ほど祝福されていない。チベット高原北側の山を横切る高速鉄道はあまり注目されていない。

しかし、中国政府は、2020年まで続く第13次5か年計画の下、成都からニャンティ経由でラサをつなぐ鉄道に投資する。この建設は、5か年計画を3度またいで行われる。この鉄道は、チャンタンの砂漠を横切る路線（青蔵鉄道）よりも困難だ。新華社通信は、「新鉄道は、1,629kmで、ラサと成都を15時間で結ぶ」と報じている。[246]　この路線は北側を通るルートより少し短く、電車の走行速度は108km/hになるという。

この新鉄道の最大の受益者は、中国政府である。しかし、この鉄道を建設する経費は莫大だ。経済的には釣り合わない。新たなビジネスは期待できず、分析では、リターンは期待できないとされている。この鉄道により、中国東海岸

からラサまで25時間で行けるようになり、観光業は加速されるだろう。中国政府は主要な観光地およびその評価をコントロールしているが、この鉄道により、そのコントロールがしにくくなる。その結果、中国政府にとって大きな恩恵はないだろう。

投資に見合う可能性があるのが大きな銅山へのアクセスである。ユロンと呼ばれる地域には大きな銅山、金山、銀山がある。しかし、市場、そして、精錬所とのアクセスが悪ければ、この地は、眠れる宝の山となる。ユロンに眠る金属の埋蔵量は魅力だが、ユロンは僻地にある。この地で採掘を行うために、鉄道が必要である。成都・カム・中央チベットを結ぶ高速道路G317は鉱山の近くを通る。鉄道は鉱山の南側約200kmのルートを通る。鉄道の最大のリターンは、ユロン銅山であろう。

中国政府は、発展が、あらゆるチベット問題の答えだと言う。そして、中国全体の経済成長を最優先項目としている。チベットでは中国政府への依存が大きく、チベット自治区の経済的な独立の兆しはない。経済学者アンドリュー・フィッシャーが言うように、依存度は増すばかりだ。1993年、北京大学の社会学の教授・馬戎は、チベットは経済的に依存している地域と分類し、※247 それ以降、依存度は高まっている。

チベットの経済発展の見返りに、中国政府はチベットにおける主権の強化を手に入れる。社会学者の馬戎は次のように述べている。

これまで、チベット自治区は『中心』経済に取り込まれていなかった。

そのような中、旧来のチベット統治様式とは違う
新たな経済管理システムが導入された。

このシステムはチベット外から持ち込まれたもので、
チベットで誕生したものではない。

過去のシステムを引き継ぐものでもない。 ※248

　鉄道建設はこれまでの中国政府の政策とは異なり、チベットの地域経済を活性化する可能性がある。家畜の価値が増し、都市の市場へのアクセスが可能になるからだ。これは、南モンゴルの乳製品が中国全土に運ばれているのと似ている。 ※249 しかし、実際のところ、チベットでの鉄道建設は、チベットにおける中国政府の影響力を強める狙いがある。また、チベットに上質で近代的な高速鉄道を走らせていることを世界にアピールする狙いもある。

　第13次5か年計画を見ると、チベット経済に大きな恩恵を与えそうなものは鉄道だけだ。第13次5か年計画でチベットに影響を与えるものは、四川・チベット鉄道、6万メガワットの発電能力を誇る水力発電所の建設、貯水池の建設、中央・西部中国における1億人の生活の都市化、チベット高原付近の生態系保護である。これらのプロジェクトでチベット人は立ち退きを強いられる。巨額プロジェクトにより土地を追われた人々は生活の糧を失い、さらに中国経済への依存が強まることになる。

■　結論

　中国政府によるチベットの開発政策では、チベット人の自立は難しい。中国政府の狙いは、経済発展というプロパガンダ、開発による利益、チベット人を中国政府に経済依存させることによる社会安定化だ。

　1994年以降、中国国務院情報局は、チベットに関する白書を14ほど発行し

ている。※250 すべての白書の中で、チベットの経済は伝統的に遅れており、中国政府の支配以降、前例のない成長を遂げたと詳細に述べられている。これを補完するように、中国人経済学者や研究者もチベット経済に関する書籍を出版している。代表的なものは、舒知生・著『チベット今昔』(2008)、羅莉・著『伝統経済から近代経済へのチベットの変革』(2008)、Foreign Language Press刊『チベットについてあなたは何を知っているか？ Q&A』(2011)などがある。これらの書籍と白書は、中国政府がチベットについて国外に説明する際、チベットに関する意見を表明する際に重要な役割を担っている。これらの書籍を使って、中国政府はチベット統治の正当性を国内外に訴えている。2008年のチベット人の大規模抗議以降、中国の白書のほとんどはチベットの開発に焦点をあてている。

また、チベットの高速道路、鉄道、空港は、中国の国境安全において重要な役割を担っている。ダワ・ノルブは、中国にとって、チベットは裏口だと述べている。チベットを通じて海外の影響が中国に入って来る可能性があるからだ。

裏口を押さえた中国は、
とりわけ、1970年代、チベットを、
帝国主義、修正主義、反動主義から中国を守る要塞と捉え始めた。

中国の敵となりうるソ連やインドを意識していた。※251

それ故、チベットの場所は中国政府にとって戦略的に重要であった。

インフラ整備により、漢人のチベット流入が進んでいる。チベットに非チベット人が住むことにより、中国政府の支持層がチベットに広がり、国家の治安が安定化すると中国政府は考えている。

　中国政府は助成金をちらつかせて、チベットをコントロールしようとしている。2012年、インドのブッダガヤで行われたダライ・ラマ法王のカーラチャクラに参加する人に対しては、助成金や雇用を減らすと警告した。助成金なしで生活できないチベット人がいる限り、助成金の打ち切りは中国政府にとっての政治的ツールとして存続する。このようにして、チベットの自治が失われている。

第7章
中国によるチベットの都市化

■ はじめに

　中国政府の都市化政策で、多くのチベット人が伝統的な生活様式を奪われ、漢人がチベットに移住した。中国政府は、都市化は少数民族地域を近代化するための新たな開発政策だと主張するが、実際は、チベット人のアイデンティティが徐々に奪われている。

　2014年、中国国務院は、国家新型都市化計画を発表した。これは、2012年に52.6%であった都市在住者を2020年までに60%に増やすことが目的である。戸口（中国の登記管理制度）を持っている人の割合も、35.3%から45%に増加させる計画だ。中国政府は厳密な戸口適用を緩め、別の地に移り住むための手続きが容易になった。中国東部の人々がチベットに移住しているが、その戸籍を移すのも容易になっている。

　多くのチベット人が搾取により土地を失っている。エミリー・T・イェーが著書『チベット懐柔』で述べているように、中国政府によるチベットの土地の収奪が進行している。※252　メルボルンのル・トローブ大学の中国政策・アジア研究の上級講師ジェームズ・レイボールドによると、中国政府が都市化を進めるのは、経済発展と文化の接触が民族同化と安定につながると考えているためだという。※253

　都市化は進んでおり、2018年時点で、ラサ、シガツェ、チャムド、ニンティ、ロカ、ナクチュが州レベルの都市として認められた。チベット自治区外でも、雲南省ギャルタン、四川省ダルツェド、青海省ツォシャル、西寧、ユルシュル、甘粛省ツォもこの数十年間大きく発展した。[254]

　チベットの役人バワ・プンツォク・ワンギャルは、都市が中国の自治地域の中心となるべきだと述べている。[255]　しかし、都市化につれて、人々の文化的・経済的・政治的特徴は次第に薄れ、自治とは名ばかりのものになっている。チベットの都市に住んでいる人の大部分は漢人移民だ。

■　漢人のチベットへの流入

　中華人民共和国建国から3年がたった1952年、毛沢東は次のように述べている。

　　チベットには広大な土地がある。
　　しかし、人口は少ない。

　　人口を現在の200〜300万人から500〜600万人に増やす必要がある。
　　最終的には、1000万人以上にしなければならない。[256]

　中国がチベットを統治し始めたのは1951年であるが、この当時から、毛沢東は漢人のチベット移住の考えを持っていた。

　1955年、後に国家主席となる劉少奇は、故パンチェン・ラマ10世に対し、中国にはチベットに移住することができるだけの大きな人口があると告げていた。[257]　1957年8月、周恩来首相は、漢人が住んでいない地域を国家計画に

組み込むという演説を行った。周恩来は、漢人居住地域では、土地や天然資源が不足しているとし、産業化を進めるため、「友愛を持った少数民族」地域の天然資源開発を訴えた。周恩来は、少数民族地域の天然資源が、人手と専門知識が足りないことにより、手つかずのままになっていると主張した。

　　相互支援なくして、特に、漢人からの支援なくして、
　　少数民族は大きな発展を遂げることはできない。

　　毛沢東時代の1950年代から1970年代初頭にかけて、漢人流入の影響で、東チベットのアムドでは漢人の割合が50%から60%超に上昇した。なお、ウイグルでは、6%から40%に増加している。[258]　アムドの大部分はチベット自治州になっているが、多数派は漢人である。5つの州がチベット自治州で、1つの州がチベット・モンゴル自治州で、合計6つの州で省の土地の97.2%を占めているにもかかわらず、である。[259]

　　漢人移民の増加に伴い、生活必需品の需要が増え、価格が増加した。1992年、あるチベット人の役人は次のように述べている。

　　チベット自治区には、小さなドアと大きなドアがある。
　　小さなドアは世界と繋がっていて、大きなドアは中国と繋がっている。

　　大きなドアの影響は小さなドアよりも大きく、
　　チベットは飲み込まれる危険がある。[260]

　　政府の役人、軍人以外にも多くの漢人がチベットに流入している。これは、チベットに中国政府が助成を行い、インフラへの投資を行っているためである。故郷で雇用機会に恵まれなかった漢人がチベットでの雇用に魅せられてチベットにやって来る。この政策は、明の時代の南モンゴルでも見られた。その

結果、19世紀末までに、モンゴル人は南モンゴルで少数派となってしまった。当初、この移住は農業政策に焦点を当てており、漢人は地方に住み着いたが、やがて、都市部にも進出してきた。一方、チベットへの移住では、最初から漢人は都市部に住み着いている。※261

　2004年、アンドリュー・マーティン・フィッシャーは、チベットの都市化の特徴について以下のように述べている。

　最近の急速な経済成長により、チベットでは二極化が起きている。

　都市部の拡張、大規模建設は、中国の他の地域では見られないほどである。1990年代半ば以降の高成長率は、助成金の増加によるものである。その結果、中国の他の地区に増して、チベットでは、都市と地方の格差が大きくなっている。

　その結果、今まさに発展途上の都市は移民の期待に応えられるようプレッシャーを感じている。移民は、高賃金でハイスキルの労働を求めているのだ。一方で、スキルの低い人が働ける場は失われつつある。※262

　国務院西部地区開発グループは、チベットへ戸籍を移す際に人口サーチャージ料などの徴収をすべきでないと提案している。※263　これは、漢人にとって、チベット移住のさらなる動機になっている。今後数十年の間に、さらに数百万人の漢人移民がチベットにやって来るだろう。

■ 地方のチベット人の都市への移住

　チベットの都市化は、農業以外の職を都市で得たいチベット人の移住も起こしている。土地開発会社は都市への移住を人々に求めており、土地を売って都市に進出する人が増えている。シンガポールのザ・ストレーツ・タイムズ紙は、「中国の31の省、地域、行政区の中で、チベット自治区だけが地方と都市の境界がある」と報じている。※264　漢人移民は都市に移り住み、福祉の恩恵に与っている。

　自発的に都市に移り住むチベット人がいる一方で、政府から強制的に草原を追われ、都市に移住させられている人も多い。これは、社会の安定のためという名目の下、政府が住民の動きをコントロールしやすくするものである。

　ヒューマン・ライツ・ウォッチの中国ディレクターであるソフィー・リチャードソンは、次のように指摘している。

　　自らの生活様式を劇的に変える強制移住政策に、
　　チベット人は口をはさむことはできない。

　　すでに多くの弾圧政策が行われており、抵抗しても無駄なのだ。

　強制移住の問題点は、専門家に相談できないこと、移住の際の十分な補償を得られないことだ。この2点は、合法的に立ち退かせる際に必要な条件として国際法で規定されている。

　チベット人研究者ゴンポ・タシとマーク・フォギンが2009年に行ったフィールド調査では、ロカ県において、再定住が家畜にも影響を及ぼしていることが

明らかになった。300人以上にインタビューを行った結果、デキ村の住人は、強制移住の際、家畜を奪われたという。移り住んだ場所では、家畜を育てる場所はなかったという。強制移住の際、新たな農業のトレーニングが政府により行われるという約束であったが、何のトレーニングもないと人々は不満を口にしている。こうして、家畜を失った人々は、生活のために政府の助成金に頼らざるをえなくなっている。

　下表は、チベット自治区のダナンとツォナにおいて、再定住前後で世帯の家畜の数がどう変化したかをまとめたものである。※265

ダナンとツォナにおける再定住前後の世帯の家畜数

	ヤクと牛		羊と山羊		ロバと馬	
	再定住前	再定住後	再定住前	再定住後	再定住前	再定住後
ダナン	1,320	255	876	107	267	0
ツォナ	2,457	126	1,260	32	253	0

　2005年から2009年にかけて、東チベットのアムドのユルシュルとナ・ゴルモにおいても、中国人研究者徐君らのチームがインタビュー調査を行っている。彼らは、毎年当地に赴き、1か月間滞在した。徐君は、再定住させられた遊牧民が新たな土地に馴染めていないと結論付けた。

新たな場所に移り住んだ遊牧民が新生活に苦しみ、
将来に頭を悩ませていることが、まず見て取れた。

失望している人もいた。
恥ずかしいと感じている人もいた。
草原に残った親族に頼らないといけないと話す人もいた。

子供たちを育てるために稼ぐには、
草原に戻るしかないと話す人もいた。

三江源保護および再建設プログラムで再定住させられた人々は、
草原なしでは生計を立てられない状況にある。

一方で、遊牧民を強制移住させたことで、草原の生態系に
何かいいことが起きたという明確なデータは存在しない。

しかし、政府は、再定住は草原の保護が目的だと主張している。[※266]

　2014年以降、中国政府は意図的に家畜の価格を下げた。以前は、去勢羊は
市場で1,200元の値を付けていたが、今では500元になってしまった。家畜の
売買市場が破壊されている。推測できるのは、遊牧民再定住政策のために、家
畜を持っていても利益がでない状態にし、遊牧民に遊牧を諦めさようとしてい
るのではないかということだ。家畜の価値の下落により、チベットの人口の
84.35%に影響が出ており、124の県のチベット人の収入が半減している。[※267]

　漢人のチベット流入の結果、市場では中国語の重要性が増している。チベッ
トの政府の公用語は中国語だ。多くの政府の指導者や役人が、チベット人が市
場で競争力を持つために中国語が必要だと考えている。

　中国政府の都市化政策は、チベット人にはほとんど恩恵がない。この点につ
いて、タシ・ニマが記している。

政策はトップダウンで決められ、住民が計画に参加することはできない。
地方に住んでいる人は「発展の問題」を抱えていると見なされる。
「遅れていて」、「原始的」な人々に発展が必要だとされる。

しかし、開発の下で彼らが受けた恩恵は、
政府が語るような輝かしいものではなかった。

人々はプロジェクトを変更しようと試みたが、
政府との力関係の下、何もできなかった。

政府の掲げる開発の目的は、人々の希望とは何の関係もない。[268]

■　都市化と社会安定

　都市では、地方と違い、チベット人の動きや通信は容易に監視できる。中国政府が最初にグリッドシステムによる管理実験を行ったのは、2004年10月、北京の東城区であった。[269]　今後も中国政府が民主主義を無視すれば、グリッドシステムはチベットの警察署となるであろう。[270]

　ヒューマン・ライツ・ウォッチは、2013年、ラサのグリッドシステムが住人監視にどれだけ効率的かについて包括的な報告書を発表している。[271]　2012年4月、ラサで少なくとも8つのグリッドが設立された。そして、9月に、「非常に効果的」と判断され、共産党書記が、「ラサでの実験で、グリッド管理の有効性が完全に証明され、革新的な社会管理が強化できる。このシステムを、街、地方、寺において普遍的なものにしていく」と述べた。

　チベットの環境の専門家ガブリエル・ラフィートは、中国政府にとってのチベットの安全化は、都市化にあると述べている。

最新の技術をもってしても、
西ヨーロッパほどの面積を持つチベット高原に広がる
数百万人の遊牧民を監視するのは不可能だ。

中国共産党が長きにわたり、
開発がチベット問題の解決であり、その中心に都市化があると
主張してきたことは偶然ではないかもしれない。

都市化により、電気、医療、教育、雇用のような
あらゆる一元化されたサービスを届けることができる。

そして、都市に人口を集中させることで、
人々の監視がやりやすくなり、主権国家に近付くことができる。※272

■ 土地押収

　チベットでは耕作に使われていた土地で、住居用・商業用の建物が建てられたり、インフラプロジェクトが行われたりしている。世界銀行は次のように述べている。

中国では地方の土地を手に入れて産業地に変えるのは、非効率である。
この決定の大部分は政府によるもので、市場の要求によるものではない
からだ。※273

　地方の土地の押収・組み込みを通じて、都市の面積が拡大する際、その過程で、多くの土地資源が消費されることになる。※274 次ページのグラフが示すように、この数年間で土地押収量は激増している。

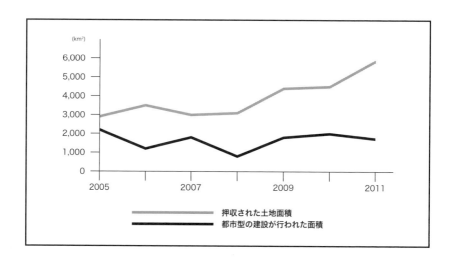

2001～2011年に中国で都市型の建設が行われた土地は、17,600平方キロメートルで、2011年にその総面積は41,805平方キロメートルとなった。10年間で58%増加したことになる。都市で必要とされた土地の90%は、地方の土地の押収で賄われた。

　急速な都市化により、合法・違法を含め、数百万人の人々が土地を失っているが、中国政府はこの影響に気付いていない。[275]　公式統計によると、中国全体で年間300万人が土地を失っている。現在のペースで都市化が進めば、2020年にはその数は2倍になる見込みである。[276]

　また、エミリー・T・イェーは著書『チベット懐柔』の中で、都市が増えると、民族自治地域の自治の実態が失われると述べている。南モンゴル研究を行っている人類学者ウラディン・ボラクは、地方の都市化を政府が旗振りすることで、民族の自治が失われ、「民族の文化・伝統がチェックメイトとなる」と述べている。

■ 結論

　チベットの都市化の政府の狙いは、中国の経済成長鈍化を補うことである。人口の変化が生じたことにより、チベットの言語・習慣にも悪影響が見られる。

　今後数十年間でチベットの都市化が30%進むという予測の中、チベットの全都市の多数派が漢人となる可能性が高い。チベット人は自治と言語を失い、都市に移り住んだ人々は厳しく監視されることになる。

　都市化を進めるために、地方の土地は中国国営企業や外資系企業に買収されている。唯一の資産と言ってもいい土地を失ったチベット人の職探しは難航する。都市化は、経済的な目的のみならず、チベットを中国に統合する狙いもある。中国公式メディアは、2020年までに東チベットのアムドに7つの新都市をつくるとしている。そして、50万人近くの人々を都市に移住させ、新たな輸送と通信のインフラを構築するという。※277

　習近平が前回のチベット工作会議で述べたことは実現しない。チベットの都市化はチベットの伝統生活様式を害するもので、チベット人の心を奪うことはできない。※278 それどころか、チベット人の抵抗はますます強くなる。

第8章
チベット仏教の輪廻転生への中国政府の干渉

【訳注】本章では、中国の役人が送った電報とチベットの役人が送った電報が登場する。電報の中に多数の日付が登場するが、中国の役人は西暦を、チベットの役人はチベット歴を用いていることに注意されたい。

■ はじめに

　チベット仏教徒はすべての生きとし生けるものが前世から現世に生まれ変わると考えている。この輪廻転生の考え方が、13世紀に始まった転生活仏の転生制度の基盤となっている。チベット仏教には4つの宗派があるが、それぞれの宗派が独自の方法で転生活仏を認定している。

　ダライ・ラマとパンチェン・ラマは、2大転生活仏である。現在、ダライ・ラマは14世、パンチェン・ラマは11世である。ダライ・ラマ14世は、聖なるラモ・ラツォ湖に現れた映像がもとになって認定された。転生者は、前世の記憶があるかどうかの確認の後、認定される。転生活仏は他の転生活仏を認定することができる。例えば、パンチェン・ラマ11世はダライ・ラマ14世によって認定された。

聖なるラモ・ラツォ湖

　転生者を探す際には、前任者が残した遺言を含む、多くの重要な手続きがある。転生者は前世の自分の持ち物や前世に自分に仕えていた人々を識別できなければならない。また、信頼

できる仏教の指導者の助言や占いによる予言も使われる。これまでのところ、サムディン・ドルジェ・パグモのような例外を除き、転生者の大部分は男性である。

　中国政府は、チベット統治のためにあらゆる手を尽くしており、転生者を認定する権利は中国政府にあると主張してきた。純粋に宗教の問題である転生の権利を政府が主張することは考えられないことである。事実を正しく認識し、チベット独自の伝統をより多くの人に知っていただく必要がある。この点を念頭に、本章では、ダライ・ラマ転生制度、特にダライ・ラマ14世の認定、および、ダライ・ラマ制度の未来について述べる。

■　ダライ・ラマ制度のはじまり

　現在の転生制度は元々チベット仏教だけに存在したものであり、その後、モンゴル人に受け入れられた。中国を含め、他の仏教国にはこの伝統は存在しない。仏教の誕生前、チベット土着の宗教ボン教では、生まれ変わりが信じられていた。その後、仏教が広まっていく中で、この生まれ変わりの考えがより確立されていった。

　転生活仏の認定は、13世紀に始まった。カルマ・パクシがカルマパ・ドゥスム・キェンパの転生者と認定されたのが最初である。その後、チベット仏教カルマ派においては、17人の転生者が存在する。1474年、チベット仏教ゲルク派の創始者ジェ・ツォンカパの弟子ゲンドゥン・トゥブが亡くなると、ツァン・タナク生まれの少年センゲ・チュペルがゲンドゥン・トゥブの転生者として認定された。センゲ・チュペルは、前世の記憶を明確に持っていた。ダライ・ラマの称号を得たのは、3代目の転生者ソナム・ギャツォであった。それ以降、ダライ・ラマの転生者探しは、ガンデン・ポタン（チベット政府）、ダライ・ラ

マ事務所が行ってきた。

■　ダライ・ラマ13世の転生者探しの際の中国・チベット関係

　1933年、ダライ・ラマ13世がこの世を去ると、チベット政府は、転生者探しのため、3つの場所に捜索隊を派遣した。そして、ケゥツァン・リンポチェ率いる部隊が、アムドのクムブム近郊のタクツェルでチベット歴5月5日（西暦1935年7月5日）生まれの少年ラモ・ドンドゥプを発見した。この少年は、聖なるラモ・ラツォ湖に現れた映像、神託、僧侶の予言と一致していた。しかし、当時当地を統治していた馬歩芳青海省長の干渉を避けるため、ケゥツァン・リンポチェは、当初、転生者の発見を秘密にしていた。

　当時、中国政府は、これらのチベット側の動きに気付いていた。これは、李仕安国民革命軍24総司令部上校参謀と蒋鼎文国民政府軍事委員会委員長西安行営主任が、呉忠信蒙蔵委員会委員長に宛てた秘密電報からわかる。

　昨年（1937年）、チベット政府は、

　ツォンゴンでダライ・ラマの転生者を探すべく、

　ケゥツァン・リンポチェとキヘイメイ・ソナム・ワンドゥらを
　派遣しました。

　そして、約半年後、クムブム近郊で転生者を発見しました。

　ラサからの予言、パンチェン・ラマの調査により、
　この人物がダライ・ラマの転生者であることが確認されました。

　電報の末尾に、蒋鼎文は次のように記している。

（中国）中央政府の国境地帯を安全にする戦略に基づき、
ダライ・ラマのチベットへの帰還に関して適切な決断をすること、
あるいは、責任ある人々を手伝うための使節を派遣することが
必要だと考えます。

そうしないとすれば、ツォンゴン政府に命じて
ダライ・ラマをクムブムにしばし留め置かせ、
その後のラサへの旅路、クムブムでの暮らしについて
時間をかけて決めるべきです。※279

これを受け、1936年4月26日、呉忠信は首相に電報を送っている。

ダライ・ラマ探索に関する調査を行った結果、
転生者探しのため、チベットからケウツァン・リンポチェの一団が
ツォンゴンに派遣されたことが明らかになりました。

それから1年以上がたちますが、一団は、
この件について私たちに何の情報も送ってきていません。※280

これらの文書からわかるように、ダライ・ラマの転生者探しは、中国政府に
相談することなく行われていた。すべてチベット政府の摂政レティン・リンポ
チェの指示の下で行われていた。

8月14日、馬歩芳は、蒙蔵委員会からの秘密電報に次のように返信している。

ケウツァン・リンポチェが、当地で見つけた
ダライ・ラマ14世の候補3人に関して、
レティン・リンポチェにお伺いをたてています。

レティン・リンポチェからは指示は出ていません。※281

　1938年8月18日、蒙蔵委員会は首相に対し、省政府に、金瓶掣籤（金の壺にいれた籤を引くことで転生者を決める方式）の道具一式を送る必要があると提案した。※282　同年10月8日にも蒙蔵委員会は首相に書簡を送り、ダライ・ラマの転生者を認定する方法として以下の3種類を提案している。

1. 国民党政府が高官をラサに派遣し、レティン・リンポチェとともに、金瓶掣籤の手続きを監督する。

2. 国民党政府が高官を責任者として任命し、レティン・リンポチェとともに、金瓶掣籤の管理者となるが、（ラサでの）実務手続きは別の担当者が管理する。

3. 国民党政府が蒙蔵委員会委員長を責任者として任命し、レティン・リンポチェとともに、金瓶掣籤の管理者となるが、（ラサでの）実務手続きは蒙蔵委員会委員長が任命した担当者が管理する。

書簡には、それぞれの方法の長短も記されていた。

第1の方法では、国民党政府が転生問題を注視できるだけでなく、
法的権限を行使することができます。
しかし、使節の派遣には2万から3万元の費用がかかります。
また、使節のチベット入りが拒否される可能性があります。

そのようなことが起きれば、私たちの関係は前に進まないでしょう。

第2の方法は、より慎重な方法で、法的権限の範囲内です。
コストも削減できます。
中国政府がチベットに駐在させる役人を決める前に
中国政府としての立場が決まるため、
チベット側が疑念を抱くことはありません。

派遣された特使の協力があれば、
費用はさらに削減できると思われます。[283]

　事態の重要性に気付いた首相は、慎重な立場を取り、まず、チベット人に相談することにした。10月25日、蒙蔵委員会はラサ駐在張ワイビに電報を送った。

第1の方法が最も適切だ。

チベット側が同意しない場合、第2、第3の方法を取る必要がある。
チベット政府との協議内容を電報で送るように。[284]

　一方、チベット側は、ラサで転生者認定の式典の準備を進めていた。そして、1938年12月12日、摂政名で蒙蔵委員会に電報を送った。

中国中央当局が使節を送ってくださる件につきまして、
首相と内閣で協議を行いました。

その結果、使節に金瓶掣籤の儀式にご参加いただけることになりました。

儀式を行うにあたり、民衆の信頼が得られるよう、
そして、噂がたつのを避けるよう、3人の転生候補者が同席します。

しかし、中国中央当局から派遣された
駐在の張ワイビ氏がラサにはおり、
張氏のご出席で十分でございます。
あるいは、もう一方のご参加も可能であります。

どちらの選択肢をお選びになるかご協議の上、
ご返信いただければと思います。

神託、僧侶による予言に基づき、
3人の候補者がチベットにたどり着かない場合、
ダライ・ラマの未来に、不吉な兆候が顕在化します。

そのような事態になることは望んでおりません。

ですから、ツォンゴン政府に命じて、
ケウツァン・リンポチェが候補者とともにツォンゴンを発ち、
チベットに向かえるようにしていただければと思います。^{※285}

その6日後の12月18日、北京のチベット大使館のンガワン・サムテン大使は、
蒙蔵委員会に電報を送った。

ダライ・ラマの金瓶掣籤に関して以前ご提案いただいた第3案で、
張ワイビ氏を蒙蔵委員会委員長の特使として、
金瓶掣籤を厳格に管理していただくことにしました。

中国とチベットの友好が続くことを願っております。^{※286}

チベットの民衆も第3案を選んだ。中国の影響が最も小さいと考えられたか

らだ。張ワイビを招くことにより、呉忠信がラサに来るのを防ぐことができる。しかし、その後、ケウツァン・リンポチェ一行がツォンゴンを発つのが遅れた。その後、転生候補者のラサ入りが遅れるのを防ぐため、そして、中国政府との間で問題が発生するのを防ぐため、ンガワン・サムテンは、蒙蔵委員会に電報を送った。

ラサから電報が入りました。

呉忠信氏をラサにお迎えします。
呉忠信氏は海路（インド経由）でラサに入って下さい。

呉忠信氏の出発前、ツォンゴン政府に電報を送り、
ケウツァン・リンポチェ一行が一刻も早く
出立できるようにしていただきたいと思います。

呉忠信氏の出発から十分前もって、
電報をチベットに送ってください。※287

チベット政府が呉忠信の受け入れを認めると、中国政府はイギリス領インドへビザの申請を開始した。イギリス領インド政府は、旅程と使節の規模に関する情報を求めた。また、チベット政府からの同意書も要求した。チベットに行くためにイギリス領インドの承認が必要なことを認めることは、中国政府のチベットの主権の主張を大きく損なうものであったが、他に手段はなかった。1939年5月22日、中国外務省はロンドンにある中国大使館に秘密電報を送った。

蒙蔵委員会委員長呉忠信のインド経由でのチベット訪問は、
ダライ・ラマ14世の金瓶掣籤に参加するためである。

政治的重要性はない。

こちら側の都合として、
そして、今回の訪問がただ国境を超えるだけであることから、
イギリス大使館が要求している情報を出す必要はない。

インド政府に別の電報を送り、国境を超える許可を得よ。[288]

　中国政府がチベット側からの承認を待っている間、蒙蔵委員会に馬歩芳から電報が届いた。

（ケウツァン・リンポチェ）一行が今日ツォンゴンを発ちました。[289]

　中国政府にとって、呉忠信が金瓶掣籤に参加するのは重要であった。呉忠信が出席できなければ、それは、チベットに対して中国政府が影響力を持っていないことになるからだ。そのため、中国政府は、蒙蔵委員会のチベット部委員長の龔ジンゾンを陸路でチベットに送っていた。しかし、この段階にいたっても、ンガワン・サムテンらは、ケウツァン・リンポチェ一行の状況について確固たる情報を得られていなかった。そのため、7月27日、ンガワン・サムテンは、蒙蔵委員会に電報を送った。

チベット政府内閣から電報を受け取りました。

1）　東チベットの総督が、龔ジンゾン氏の安全な旅程の手配を
　　命じられたと聞きました。
2）　ケウツァン・リンポチェ一行の出発の日程が確認できていません。
　　事実関係が不明のままです。

中国中央政府は、この件について、
強い言葉で働きかけていただきたいと思います。

そして、いつケウツァン・リンポチェ一行が出発できるのかを
確認していただきたいと思います。※290

ケウツァン・リンポチェ一行のツォンゴン出発を確認したチベット政府は、
8月20日、呉忠信に電報を送り、中国使節の規模を厳しく制限してほしいと
要望した。

9月上旬、貴殿を含む14人の役人と5人のお付きの方が
チベットへ向けて出発し、11月にインド経由でチベットに到着する
との連絡を受けました。

大変喜ばしく思っております。

使節の規模についてですが、必須のメンバーを除いて、
余剰な方を連れて来られるのは避けていただければと思います。

この要望が受け入れられない場合、
人々の間に疑念が生まれてしまいます。

この要望を受け入れていただくようお願いいたします。※291

　　呉忠信一行のビザ申請プロセスは1939年4月に始まったが、チベット政府
がイギリス領インド政府に同意書を送ったのは9月になってからであった。9
月1日、レティン・リンポチェは、呉忠信に電報を送った。

内閣及び私が、貴殿ご一行19人のインド経由でのチベット訪問について
必要な支援を行うよう、イギリス領インドに電報を送りましたので、
ご安心ください。※292

　イギリス領インドからビザの認可が下りたのは10月5日で、呉忠信一行は、
10月21日に重慶を発ち、香港、ビルマ、インド経由でチベットに向かった。
旅程の前半は空路であったが、インドからラサは陸路で、ラサ到着は1940年
1月15日であった。一行は、レティン・リンポチェ特使から歓迎を受けたが、
この場にレティン・リンポチェは現れなかった。呉忠信はラサに到着したとき
のことを日誌に記している。

　1月18日、快晴。午前11時に、レティン・リンポチェに謁見。

　私がレティン・リンポチェに
　カタ（チベット伝統の白いスカーフ）を送ると、
　レティン・リンポチェも私にカタをくださった。

　私の同行者もレティン・リンポチェに敬意を示した。※293

　もし中国とチベットの関係が単なる中央政府と地方政府の関係であったとし
たら、チベット側は中国使節団を呉忠信の滞在場所に訪ねたはずである。しか
し、現実は、呉忠信一行がレティン・リンポチェを訪ねたのだ。

■　ダライ・ラマ14世の選定

　1939年6月28日、チベット国民議会がポタラ宮に集い、ラモ・ドンドゥプ少年をダライ・ラマ13世の転生者と宣言した。シャカパ・ワンチュク・デデンは著書『チベット政治史』の中で次のように記している。

> ラモ・ドンドゥプ少年は、チベット歴の5月5日、
> アムドのドメイのクムブム僧院に近いタクツェルと呼ばれる村で、
> チョキョン・ツェリンとソナム・ツォの間に生まれた。
>
> （ケウツァン・）リンポチェ一行はクムブムを発ち、
> 今まさにチベットにたどり着いた。※294

　このとき初めて、ダライ・ラマ13世の転生者が公式に確認された。

　しかし、中国政府の白書には次のように記されている。

> 1940年2月5日、
> 中華民国中央政府は、勅令898条を発令し、
> 青海省湟中県キジャチュン生まれの
> 5歳のラモ・ドンドゥプ少年を
> ダライ・ラマ13世の転生者と認定した。

この声明は事実を歪めている。実は、チベット政府は、呉忠信がラサに到着する前に、密かに転生者を選定していたのだ。1938年3月31日、蒋鼎文将軍は、蒙蔵委員会に秘密電報を送っている。

　昨年、チベット政府は、ダライ・ラマの転生者を探すため、
　ケウツァン・リンポチェをツォンゴン地域に派遣しました。

　一行は、クムブムで、転生者を見つけました。

　そして、6か月以上して、
　予言やパンチェン・ラマの調査に基づいて転生者が認定されました。※295

　『ダライ・ラマ伝記』の序文で、作家の牙含章は次のように記している。

利権闘争の中で、
中国共産党は私にチベット史を書いてほしいと言いました。

　この本は、中国政府の立場に従って書かれている。

　呉忠信は、1939年12月にラサに到着すると、
　チベット政府内閣および一般市民から大歓迎を受けた。

　しかし、転生に関して変化が起きていた。

　呉忠信がラサに到着したときには、
　転生候補者3人のうち1人しか残っていなかったのだ。※296

　呉忠信一行の秘書であった朱紹頤は、『ラサ目撃談』の中で次のように記し

ている。

（チベット、中国の）双方の度重なる熟考の末、
金瓶掣籤を使わない代わりに、2つの前提条件に合意した。

1）　呉忠信は、転生者が透視能力を持っているかどうかを確認する。
2）　レティン・リンポチェが中央当局に向けて、
　　　伝統的な金瓶掣籤を使わない旨の嘆願書を書く。

レティン・リンポチェはこの2条件に合意した。※297

　　呉忠信のラサ滞在は快適なものではなかった。このことは、呉忠信の日記及び、当時の多様な電報からわかる。呉忠信はチベット人を信用せず、チベット人は金瓶掣籤を使うことに反対した。呉忠信の面子を保つため、そして、さらなる遅れを防ぐために、チベット政府は、中国政府に対し、金瓶掣籤を使わない旨の書簡を送ることにした。1940年1月26日、レティン・リンポチェは、転生者の選定に関する詳細な書簡を記した。

人々は金瓶掣籤を使わないことに合意したため、
金瓶掣籤を使う必要はありませんでした。

伝統に則り、転生者の剃髪が行われたことをご連絡します。

ネチュン神託に基づき、
戴冠式はチベット歴1月14日に行うことが決まりました。

この情報を中国中央当局にご周知ください。※298

この手紙には、チベット人が転生者の戴冠の決定をしたことを中国政府に伝達する意図があるのは明白だ。また、呉忠信に託したオリジナルの書簡がチベット語で書かれていた点も重要だ。書簡は、呉忠信の部下が中国語に翻訳した。翻訳のタイトルは、『ダライ・ラマ13世の法要とダライ・ラマ14世の戴冠に関する書類集』であるが、この内容には、チベット語の原文と一致しない点がある。例えば、チベット語で「金瓶掣籤」となっている部分が、中国語では「練り餌」（金瓶掣籤とは別の転生者の選定方法）となっている。呉忠信はレティン・リンポチェの書簡を好ましく思っていなかった。そして、1月26日、自身の日誌に次のように記している。

遅れに遅れた公式の書簡が今日になって届いた。
驚くべきことに、書簡は、公式なものとしては、無秩序でぞんざいである。

書簡を見た私は、驚き、レティン・リンポチェに厳しく抗議した。
書簡は不誠実極まりなく、私への礼も欠いている。

荷物をまとめて、この地を発つ準備ができた。

この書簡を中国政府に渡すことはできない。
部下の張ワイビに適切な内容を追記するよう命じた。※299

1月28日、呉忠信は中国政府に秘密電報を送っている。

私、呉忠信は、転生候補者の特別な特徴を調べ、
そのすべてが真実であることを確認いたしました。

ですから、中央政府に、公式な布告をしていただきたいと考えております。

ラモ・ドンドゥプ少年をダライ・ラマ14世として
認定する許可を出すことは、戴冠式の準備に好都合です。※300

　呉忠信は自らのミッションが成功したことを証明するために、金瓶掣籤を使わなかったことについて言及しなかった。呉忠信は「転生候補者を調べた」と述べているが、実は、その時点ではまだ転生者と面会していなかった。

　また、牙含章は次のように記している。

呉忠信はノルブリンカ（ダライ・ラマの宮殿）に入ることを
認められなかったため、
転生者の確認は困難であった。

チベットの高官は、
呉忠信が転生者に謁見できるのは戴冠式の場であり、
戴冠式を行う決定をするのはチベット国民総会であり、
戴冠式の時に転生者に謁見できるというのがチベットの伝統だと告げた。

チベットの高官は、決定はチベット国民総会によるもので、
いかなる変更も認められないと告げた。

これは、呉忠信が転生者の確認をする権利がないことを意味していた。

このことを聞いた呉忠信は激高し、
担当者のクンチョク・ジュグネイを呼び出した。

呉忠信は、クンチョク・ジュグネイに対し、以前の決定を守るように
ただちにレティン・リンポチェに話をするよう求めた。

呉忠信は、要求が満たされなければ、
中央当局の役人全員を何のためらいもなく
チベットから引き上げると述べた。

この後、レティン・リンポチェの物腰は柔らかくなり、
翌日、呉忠信の滞在先に高官を遣わし、
担当者が誤解をしていたと謝罪した。

その後、呉忠信が転生者に謁見できる場所と日程が割り当てられた。

呉忠信は、2月1日にノルブリンカで転生者の確認をすることになった。

転生者の確認は国民党政府からの命であり、
形式上、それを拒むことはできなかった。※301

　朱紹頗によると、呉忠信による転生者への謁見・確認は2月1日であったという。しかし、呉忠信が残した日記によると、1月31日となっている。呉忠信によると、謁見時間は10分以下であったという。10分以下でどのような確認ができたのであろうか。

　上記の情報は、中国チベット学研究センターの中国語の古文書によるものである。古文書の研究を行っていたンガボ・ンガワン・ジグメは、中国政府がバックにいる中国チベット学研究センターの古文書に疑念を抱いていた。ンガボ・ンガワン・ジグメは次のように述べている。

国民党政府はこの書簡の写しを貴重な宝石のように扱い、
古文書として注意深く保管している。

国民党政府は、この書簡がチベット政府の本物の書簡と考え、
ダライ・ラマ13世の転生者発見の際の業績であったと考えている。

しかし、事実は異なる。
この写しは、本物の書簡の写しではない。

伝統的なチベットの紙に書かれていない。
書簡には印もない。
この件については、本物の書簡が存在している。

私は、本物の書簡が2通あると述べてきた。

この本物の書簡によると、
ダライ・ラマ13世の転生者の候補者がツォンゴンで発見されたが、
捜索隊が候補者を連れ帰ろうとすると、
馬歩芳があらゆる手段を講じて妨害してきたという。

捜索隊は、チベットと中国の関係を懸念して、
国民党政府に助けを求めたのであった。

転生に関連するすべての儀式はチベット人により決定され、実施された。中国政府が入り込む余地はなかった。1939年11月26日、龔ジンゾンは、蒙蔵委員会に電報を送った。

25日にラサに到着しました。

24日にツォンゴンで発見された転生者の候補者の儀式が
チベット人により行われました。
レティン・リンポチェが、転生者の剃髪を行いました。

私たちの到着は1日遅れ、間に合いませんでした。※302

■ 呉忠信とダライ・ラマの戴冠式

中国共産党は国民党に勝利した後、チベットに侵攻した。当初、共産党は、国民党政府を信頼できない反動主義者集団と呼んでいた。しかし、今日では、チベットの転生制度を維持したとして、その功績を認めている。

しかし、国民党は事実を歪めている。ダライ・ラマ14世の戴冠式の4日前に蒙蔵委員会が中国紙に送ったプレスリリースがその一例である。蒙蔵委員会は、2月22日に戴冠式を行う旨を報道するようマスコミに命じた。命令書には3つの付記があった。

付記1　ダライ・ラマ14世の戴冠を祝う理由
「　レティン・リンポチェとともに式を統括するため、
　　国民党政府が蒙蔵委員会委員長呉忠信を戴冠式に派遣した　」

付記2　ダライ・ラマの転生者を認定するプロセス
「　ダライ・ラマの転生者に関する儀式を
　　レティン・リンポチェとともに行うよう呉忠信は頼まれた　」

付記3　ダライ・ラマの転生と国家の未来
「　今世紀の新たな国家が誕生するこの日、

日本との戦争への勝利が見えつつある中、中国政府の監督の下、
ダライ・ラマが戴冠する　」※303

　中国政府は呉忠信が戴冠式を統括したとときに主張するが、実際は、呉忠信は戴冠式の統括はしていなかった。呉忠信が戴冠式の統括をしていなかったことは、呉忠信本人の日記および戴冠式に出席していた人々が残した記録からわかる。呉忠信一行は戴冠式の一ゲストに過ぎなかったのだ。戴冠式に出席していたシャカパ・ワンチュク・デデンは次のように記している。

　1940年1月13日（チベット歴）、伝統に則って、
ダライ・ラマをお迎えする行列がノルブリンカからポタラ宮へ向かった。

　翌14日、ダライ・ラマは玉座にお座りになった。

　玉座はシジ・プンツォク客殿に置かれ、八形態をした勇敢な
マハーデーヴァー（シヴァ神の別名、その形態を八変化させるとされる）
に支えられていた。

　また、ナムギャル僧院の僧侶が幸運を祈るお経を唱えていた。
儀礼に従って飾り物を身にまとった僧侶が
ダライ・ラマに贈り物を捧げた。

　儀式は謹厳な雰囲気で行われた。

　レティン・リンポチェが曼荼羅の口頭説明を行った。

　ダライ・ラマに衣服が送られた後、
摂政、首相、指南役、転生活仏、内閣、一般の参加者

ガンデン・セラ・デプン僧院の僧侶、政府の役人が
ダライ・ラマから祝福を受けた。

その後、中国国民党政府からの贈り
物が
呉忠信、ジャオ・グンディン、龔ジ
ンゾン、張ワイビらから送られた。

朗唱者、ディベーター、贈り物を贈
る人、ダンサー、音楽家などが
公式祝賀に集った。※304

　呉忠信の2月22日の日記および秘書・
朱紹頤の著書『ラサ目撃談』には、戴冠式の詳細が記されている。その中に、
呉忠信が戴冠式を取り仕切ったとする記載はない。呉忠信はカタを送っただけ
で、それ以上のことはしていない。呉忠信は規定通りにチベット政府の高官や
高僧に従わなければならなかった。呉忠信は他のゲストとともに戴冠式の前に
到着し、指定された座席で30分ほど待った。若きダライ・ラマを玉座に座ら
せたのはチベット人であった。

　もう一つの重要かつ議論がある点は戴冠式の席順である。呉忠信は、「南側
を向いて、ダライ・ラマの左側に座った」と記している。ほとんどの中国の文
献が、呉忠信の席はダライ・ラマに近かったと記している。これに対し、シャ
カパ・ワンチュク・デデンは、『チベットの政治史』の中で次のように記して
いる。

呉忠信が戴冠式を行い、
呉忠信自身がダライ・ラマを玉座に座らせ、

感謝の気持ちからダライ・ラマが北京の方向を向いて一礼した
という主張は虚偽である。

どれもまったく根拠がない。

当時私は高官ではなく財務の一担当者であったが、
飾られた服を着て、香を焚いていた。
ダライ・ラマがお越しになると、香を手に持って挨拶した。
式の間ずっと、私は玉座の前で座っていなければならなかった。

ダライ・ラマが部屋からお越しになられた際は、
テンパ・ジャミアン大臣と高官ンガワン・テンジンが
ダライ・ラマの手を取っていた。

ダライ・ラマが階段を登り玉座に座る際、
僧院長キェンラプ・テンジンがダライ・ラマを抱え上げた。

呉忠信は部屋に入ることを許されたが、
ダライ・ラマには手を触れていないどころか、
玉座に近付くことすら許されなかった。

玉座に近付こうとする者がいれば、周囲の人が気付いたはずである。※305

　秘書・朱紹頤の著書『ラサ目撃談』の内容も精査が必要である。朱紹頤は次
のように記している。

　2月22日、チベット歴の1月14日は、ダライ・ラマの戴冠式の日であった。

呉忠信委員長とレティン・リンポチェの間で議論された
戴冠式に関する規定に基づき、
戴冠式は古代チベットの伝統に則って行われることになった。

しかし、呉忠信委員長の席順で意見の不一致があった。

当初、チベット側は、呉忠信委員長の座席を
レティン・リンポチェの向かいにし、
両者の席の高さを同じにしようとした。

しかし、呉忠信委員長は、
少なくとも清の時代にチベットに駐在したアンバンと
同等の座席であるべきだと主張した。

すなわち、
ダライ・ラマの玉座の左側の南向きの席であるべきだと主張した。

呉忠信委員長の担当者は、
呉忠信委員長が国民党政府の使節であり、
ダライ・ラマ法王の戴冠式に責任があり、
蒙蔵委員会の委員長でもあると主張し、
妥協しなかった。

その後、繰り返し議論が行われ、チベット側が合意した。※306

　上記では「合意」したと述べられているが、戴冠式前の協議で合意に達した
記録はない。さらに、座席表を見ると、玉座と呉忠信の座席は近くにはない。
一方、朱紹頤は独自に座席表を描いている。朱紹頤の座席表によると、玉座の

右側にダライ・ラマの指南役、左側にダライ・ラマの両親の座席が南向きで配置されていた。玉座から降りると、右側がレティン・リンポチェおよび元摂政の高僧の座席となっていた。高僧や僧侶の役人はレティン・リンポチェの後ろ側に控えていた。左側には、呉忠信一行のための席16席があった。また、ネパール使節の席が11席、ブータン使節の席が7席あった。ダライ・ラマの付き添いの僧侶の席は中央にあった。大臣の席は南側であった。その後ろに一般役人、さらにその後ろに外国人の席があった。朱紹頤の座席表には、すべての元摂政の名前も記されていた。

これに対し、1989年のチベット自治区人民会議の場で、ンガボ・ンガワン・ジグメ（元はチベットの政治家であったが、この時点では中国共産党員）は次のように述べている。

実際のところ、呉忠信がダライ・ラマ14世の戴冠式を取り仕切ったというような事実はありません。

しかしながら、今日、チベット人の中にも、呉忠信がダライ・ラマ14世の戴冠式を取り仕切ったと主張する者もいます。

そのような主張を行う者は、チベットの習慣をまったく知らないと言わざるを得ません。

今日ご臨席の皆様の多くは、古きチベットの貴族階級であったと思います。

皆様もご存知のように、ダライ・ラマ14世の戴冠式を取り仕切った人はいません。

誰かが取り仕切らないといけないような
中国式のイベントではないのです。

昨年、チベット学の集いがあった際に、この件についてお話ししました。
また、私が関連する国民党政府の古文書に目を通したことも
お話ししました。

私たち共産主義者が、国民党が残した足跡をたどる必要など
あるのでしょうか？

国民党と同じようにこの件で嘘をつき続けるのでしょうか？

　呉忠信の座席に関する信頼できない記述は、中国政府の威信を保ち、呉忠信が公的な責務を果たしたことを証明する意図があった。しかし、中国政府がどれだけ呉忠信が戴冠式を取り仕切ったと主張しようとも、歴史的証拠はない。呉忠信は特別な権利や力を持たない一海外使節として扱われたのだ。

■　金瓶掣籤と転生者選定の方法

　ダライ・ラマ認定の際、中国政府は金瓶掣籤の使用を重要視した。これは、チベット人転生者を選ぶ際に中国政府の影響力を及ぼすためである。すでに述べたように、ダライ・ラマ14世の選定の際は、金瓶掣籤は使われなかった。つまり、金瓶掣籤の使用は必須ではないのだ。チベット仏教の儀式において金瓶掣籤が必要不可欠だという主張は真実ではない。実のところ、金瓶掣籤は、1793年のチベットに関する29条の布告により、清から持ち込まれたものなのだ（第２章参照）。サキャ・ゴンマ、ミンリン・ティチェン、タクルン・シャンドゥンのような世襲的な転生者の認定もあるが、それ以外の認定法について以下で

紹介する。

1）前任者が予言や指示を残していた場合、それを基に転生者の選定が行われ、他の方法は行われない。これは、例えば、カルマパが認定された方法である。

2）予言が残されていない場合、守護神や聖なる湖ラモ・ラツォ湖の映像を見ることで、捜索隊が向かうべき方向や場所を定める。転生者の候補者が前世の記憶を持っており、前世の所有物を認識できる場合は、転生者として認められる。それ以上の試験は行われない。この方法で見いだされたのがダライ・ラマ14世である。

3）転生者の候補者が前世の一部の特質だけを持っている場合、あるいは、候補者が複数いる場合、魔法鏡の予言、神託が使われる。これらが守護神の予言と十分に一致する場合は、転生者として認められる。これは、ダライ・ラマ13世の際に用いられた手法である。

4）上記で転生者が見つからない場合、練り餌が使われる。これは、清の時代の金瓶掣籤とは異なる。しかし、基本的な類似点もあり、ときに、チベット人は両方の手法を使ってきた。

　ダライ・ラマ11世、12世およびパンチェン・ラマ８世、９世の選定の際は、金瓶掣籤が使われた。しかし、他のダライ・ラマの選定ではこの手法は使われていない。1791〜1793年、ゴルカとの戦いの際に清の支援を受けたことに感謝して、ダライ・ラマ10世の選定の際に金瓶掣籤を使ったとチベット側は清側に報告した。しかし、実際には、金瓶掣籤は使わなかった。チベット人は金瓶掣籤を信頼していなかった。しかし、清側には好意を伝えたかったのだ。

2007年7月18日、国家宗教事務局の名で、中国政府は、「チベット仏教の転生活仏の転生に関する管理措置」を発表した。この措置では、チベットの転生活仏は金瓶掣籤により選定され、さらに、中国政府の許可を得なければならないと規定された。この規定に、チベット仏教の指導者の選定をコントロールしようとする政治的な意図があるのは明白だ。

■ 中国とダライ・ラマ14世

　中国共産党政府は無神論者で反宗教である。そのような政府がチベット仏教の転生者選定に介入する正当な理由はない。中国政府は、ダライ・ラマ14世は中国政府のルールに則って転生しなければならないと主張しているが、馬鹿げた話である。転生者は、前任者の死後、人間の体となって現れる。その目的は、ブッダのダルマの高貴な活動を再開することと、すべての生きとし生けるものに幸福をもたらすことである。

　中国政府の役人は、しばしば、ダライ・ラマが中国の団結への最大の脅威だと述べる。彼らは、ダライ・ラマを「人間の顔と獣の心を持った袈裟を着た狼」と呼ぶ。そして、「母国の団結を破壊することに傾注した指導的な分裂主義者」と主張する。

　中国政府がダライ・ラマのことをこのように考えているのであれば、なぜ転生させたいのであろうか？

　中国政府は非常に長い時間をかけて転生プロセスをコントロールしようとしてきた。その最たる例がパンチェン・ラマ11世への対応である。中国政府は、ダライ・ラマが認定したパンチェン・ラマ11世を拉致し、代わりのパンチェン・ラマ11世を擁立し、操り人形にしている。

中国政府は何十年もかけてダライ・ラマ14世の転生者を選定する権利を得ようとしてきた。1969年、ダライ・ラマは、転生制度を続けるかどうかはチベット人が決めるべきだと述べた。この発言は、中国政府に大きな衝撃を与えた。近年、中国政府は、転生制度が終わるかもしれないというダライ・ラマの発言を非難している。

1992年、青海省当局は、「青海省の転生活仏の探索と認定」と呼ばれる法令を可決した。この第4条には、「海外に逃げた者および母国の利益を害する活動を行っている者は転生者として認められない」と記されている。これは、ダライ・ラマ14世の宗教的権威に対抗し、ダライ・ラマ15世をコントロールしようとする意図がある。

2007年、国家宗教事務局は、「チベット仏教の活仏の転生の管理」に関する国家宗教事務局令「第5号」を発行した。そして、葉小文局長がこれにサインした。

2015年3月、中国全国人民代表大会に合わせて行われた会合でチベット自治区のパドマ・チョリン主席は次のように述べた。

ダライ・ラマが転生制度を終わらせようと思っていたとしても、
それはダライ・ラマが決められる問題ではない。

彼がダライ・ラマ14世になったとき、それは彼の決断ではなかった。
仏教の儀式および歴史的伝統に基づいた厳格なプロセスの末に選定され、
中央政府に承認されたのだ。

彼が、転生制度がいつ終わるか決められるのだろうか？
そんなことは不可能だ。[※307]

ダライ・ラマは、中国が統治するチベットに生まれ変わることはないと長い間述べてきた。現在のチベットでは、チベット人の自由の擁護者とはなれないからだ。これを受け、2011年、中国国家宗教事務局は、ダライ・ラマが中国外で転生するのを禁止する法律を施行した。また、チベット学研究センター長は、さらに理解不能な発言をしている。

歴史的習慣と仏教典礼に則って、

次のダライ・ラマは、青海省にあるダライ・ラマの故郷で
誕生しなければならない。

転生プロセスをコントロールしようとするとんでもない野望に加え、中国政府は「転生活仏検索エンジン」を立ち上げた。これは、1,311人いる転生活仏の情報を含むオンラインデータベースである。そして、データベースに載っている全員が中国政府から承認されないといけないことになっている。また、中国政府がバックにいるウェブサイトwww.tibet.cnでは、「ダライ」、「テンジン・ギャツォ」のような単語はブロックされている。

■ 転生に関するダライ・ラマ14世の声明

ダライ・ラマ14世の転生者に関する考え方は一貫している。ダライ・ラマは、中国政府の立場が「非常にばかげている」と述べている。

私の転生に関して最終的に決めることができる人がいるとすれば、
それは私自身です。

他の誰でもありません。

2011年9月、ダライ・ラマは声明の中で、次のように述べている。

私が90歳になる時、
チベット仏教の高僧、一般のチベット人、
チベット仏教を信仰する関係者と協議を行い、
ダライ・ラマ制度を存続すべきかどうかを再評価します。

そして、それに基づいて、決定を行います。

ダライ・ラマ制度の継続が必要で、
15世が認定される必要があると決定されれば、
その責任は、ダライ・ラマのガンデン・ポタン基金の
関係する役人に主にあります。

彼らは、チベット仏教の様々な指導者、そしてダライ・ラマの系統と
不可分の関係にある信頼できるダルマの保護者と
協議を行わなければなりません。

これらの関係者からの助言や指示を受け、
伝統に則って、転生者の探索・認定手続きを行わなければなりません。

このことについて、私は明確な文書を残します。
このことを心に留めておいてください。

このような合法的な方法以外で選ばれた転生者は認められません。
中国政府が選ぶような転生候補者を含む、
政治的な意図の下に選ばれた転生者は認められません。[※308]

　それから３年後の2014年９月、ダライ・ラマはさらに踏み込んだ説明を行っている。

私の後継者を探す際、予言は用いません。
中国政府が影響を及ぼしてくる可能性があるからです。

ローマ法王を選ぶ際に使われる
コンクラーベのような方法を考えています。

私の死後に指示書を読んで下さい。 ※309

　ダライ・ラマは、女性に転生する可能性もあると述べている。また、ダライ・ラマ制度の存続の是非を問うチベット人の投票を行ってもよいとも述べてい

る。また、ダライ・ラマが存命のうちに転生者を選任する可能性もあるとも述べている。この方法の場合、自分で後継者を教育する機会があり、さらに、ダライ・ラマ不在の期間をなくすことで、不安定化を防ぐこともできる。※310

確かなことは1つである。ダライ・ラマの転生者が、中国が統治するチベットで見つかることはない。

■ 結論

ダライ・ラマ制度の将来については、チベットでも中国でも幅広く議論されている。何十年にもわたりチベット仏教の最高指導者をつとめてこられた方の後継者のことを考えるのは容易ではない。中国政府の干渉により、事態は悪化している。中国政府は、チベットの土地と政府を手中に収めるだけでは飽き足らず、仏教の伝統をもコントロールしようとしている。

幸いなことに、この点について、ダライ・ラマは明確なメッセージを発している。誰が転生者を選ぶ権利があるかについて混乱が生じる余地はない。1969年以降、ダライ・ラマは、ダライ・ラマ制度の将来は、チベット人の手にあると述べてきた。いかなる国の政府も、それが中国であれ、他の国であれ、ダライ・ラマおよび他の転生活仏の転生者を決める権利はない。この神聖で独自のチベット仏教の伝統は、チベット仏教徒の手によって前に進んできた。これから前に進めるのもチベット仏教徒である。

第9章
中道のアプローチ：前へ進むための道

　中道政策はダライ・ラマ法王が考案した政策で、中国人とチベット人の両方が恩恵を得られるよう、チベットは高度な自治を目指し、中国の指導部との関係を模索していくというものである。中道の考え方は仏教に根差しており、極端な立場を取るのではなく、お互いの中間地点で解決策を見つけるという考え方だ。中道政策は、現在のチベットの状況とチベットの独立の中央に道を通すものだ。中道政策では、中国政府によるチベット人に対する弾圧や植民地主義的政策は断固として拒否する。しかし、同時に、チベットは中華人民共和国からの独立は求めない。中国政府との対話を通じて、中道政策は、チベット人と中国人の共存を目指す。チベット人は中国政府の法的枠組みの中で高度な自治を享受し、チベット独自の言語、文化、かつては美しかった自然環境を回復し、保護していく。

　1968年頃、世界の政治状況を考慮して、ダライ・ラマは、当時のチベット亡命政権内閣、議長、副議長らの意思決定機関と何度も議論を繰り返した。その結果、1974年、中国政府との対話の機会が訪れた際は、チベットの独立は求めないことが内々に決定された。1979年、中国の鄧小平は、ダライ・ラマの兄ギャロ・トンドゥプに対し、「独立以外のことであれば、何でも議論することが可能だ」と述べた。これを受け、ダライ・ラマは中国政府と連絡を取り、中国側と交渉をするための準備を整えた。

　中道政策は、「独立以外は何でも議論できる」とする鄧小平の発言と合致す

227

るものである。

　ダライ・ラマは、1987年のアメリカ議会での5項目和平プランや、1987年のアメリカ下院のトム・ラントス人権委員会、1988年の欧州議会のストラスブール提案で、中道政策を公式に発表した。

　1997年にチベット難民に行われた調査では、64％が中道政策を支持するという結果であった。また、当時、チベット本土からも中道政策を支持する声が多く聞かれた。これを受け、チベット亡命政権は全会一致で中道政策を支持する決議を可決した。そして、今日に至るまで、チベット亡命政権は、チベットの状況を平和的に解決するための現実的かつ実践的な政策として、中道政策を推し進めてきた。チベット亡命政権は、その後の数十年間、チベット人が中道政策を支持していることを繰り返し確認してきた。

　中道政策は、すべての関係者にとってウィン・ウィンの関係をもたらし、すべての関係者の重要な利益を保護するものである。チベット人は、アイデンティティと尊厳を守ることができる。中国人は、主権と領土を維持できる。

　チベット人は高度な自治の下で、基本的なニーズを求めている。中国の団結や安定を脅かすことは考えていない。一つの統治機構の下、より効率的、効果的にチベット独自のものを保存し、育んでいく。現在、チベットは、チベット自治区と、青海省、四川省、甘粛省、雲南省のチベット自治州に分断されている。多数派は漢人である。中国当局は、チベット側の指導部が全漢人をチベットから追放することを狙っていると主張する。しかし、2008年10月の第8回円卓会議で中国政府に提出された『チベットの高度な自治に関する覚書』を見れば、これが事実ではないことがわかる。※311

　「私たちの意図は、すでにチベットにいる非チベット人の追放ではありませ

ん。漢人、あるいはその他の民族が誘発されて今後大規模にチベットに流入してくることは懸念しています。これにより、チベット人が中心部から追いやられています」

　覚書では、チベット人が暮らす地域についてはチベット人が多数派であることが求められている。これは、チベット独自のアイデンティティを守り、育むためである。覚書では、チベット側が求める11の基本的ニーズが記されている。

1．言語

　言語は、チベット人のアイデンティティを形成する最も重要なものである。チベット語は、チベット人の会話の手段として最重要であり、チベットの文学、経典、歴史書、科学文献もチベット語で記されている。中国の憲法第４条には、「いずれの民族も、自己の言語・文字を使用し、発展させる自由を有し、自己の風俗・習慣を保持し、又は改革する自由を有する」とある。チベット人がチベット語を使用し、発展させるためには、当地の話し言葉、書き言葉として、チベット語が尊重されなければならない。チベット自治地域において、チベット語は主要言語でなくてはならない。この原則は、憲法121条「民族自治地域の自治機関が職務を執行する場合には、その民族自治地域の自治条例の定めるところにより、現地で通用する一種又は数種の言語・文字を使用する」でも認められている。また、民族区域自治法第10条にも、「当地の民族が、彼ら自身の話し言葉、書き言葉を使用し、発展させる自由が保障される」とある。

　チベット語がチベット人居住地域の主要言語として認められるという原則は、民族区域自治法第36条でも規定されており、「教育に関して、指導・登録手続きで使用される言語については、自治政府当局が決めることができる」とある。これは、教育で使用される主要言語はチベット語であるという原則を意味している。

2．文化

民族自治という概念の根本にあるのは、少数民族の文化の保存である。文化の保存は、中国の憲法第22条、第47条、第119条、民族区域自治法第38条でも謳われている。チベットの文化は、チベットの宗教、伝統、言語、アイデンティティと切っても切れない関係にある。しかし、これらは、今、様々なレベルで、危機に直面している。多民族国家中国の中で生きるチベット人独自の文化は、適切な憲法の条項により保護されなければならない。

3．宗教

宗教はチベット人の基盤ともいえるものであり、チベット人のアイデンティティと不可分の関係にある。政教分離の重要性は認められてしかるべきだが、この原則により、信教の自由が侵されてはならない。信念、道義、宗教の自由がない個人あるいは組織は、チベット人には想像できない。中国憲法でも宗教と信教の保護の重要性が謳われており、第36条には「中華人民共和国公民は、宗教信仰の自由を有する」と記されている。何人たりとも他者に信教の強制はできず、宗教に基づく差別は許されない。

この憲法解釈を国際規範に照らして行うと、信仰の方法についても自由が認められ、仏教僧院の伝統に則って僧院を組織・運営する権利も認められる。ここで言う伝統とは、仏教の教育・研究、僧侶・尼僧の登録である。また、公の仏教のティーチング、灌頂もこの自由に含まれる。さらに、教師と弟子の関係、僧院の管理、転生者の認定というような宗教の習慣・伝統に国家は干渉してはならない。

4．教育

　チベット人は、中国中央政府教育部と協力して、自身の教育システムを発展・管理させたいと願っている。科学技術を学び、その発展に貢献したいという願いもある。これらは、中国政府の憲法でも謳われている。憲法第19条では、「国家は、社会主義の教育事業を振興して、全国人民の科学・文化水準を高める」とある。一方、119条には、「民族自治地域の自治機関は、どの地域の教育、科学、文化、医療衛生及び体育の各事業を自主的に管理し、民族的文化遺産を保護し、及び整理し、並びに民族文化を発展させ、及び繁栄させる」とある。この原則は、民族区域自治法第36条でも謳われている。

　科学技術の発展に携わり、発展させたいという願いについては、憲法119条や民族区域自治法39条に、その権利が明記されている。また、仏教の心理、形而上学、精神と宇宙の理解が現代科学の様々な分野に貢献していると国際科学機関からますます認められるようになっている点についても補足しておく。

5．環境保護

　チベットはアジアの大河の源流である。チベットには、地球で最も高い山脈、最も高い位置にある広大な高原、手つかずの豊富な鉱物資源、古くからの森、深い谷がある。チベット人は伝統的にあらゆる生きとし生けるものに敬意を払い、人間・動物を問わず危害を加えるのを禁じてきた。その結果、長きにわたり、地域の環境は保護されてきた。歴史的に、チベットは、独自の自然環境に包まれたありのままの姿の自然の聖域であった。しかし、かつては保護されてきたチベットの環境が、今日、取り返しのつかないほどのダメージを受けている。草原、耕作地、森林、水源、野生生物の被害は甚大だ。民族区域自治法第45条、第66条では、チベット人が環境を管理し、伝統的な環境保護習慣を続ける権利が謳われているにもかかわらず。

6. 天然資源の使用

　自然環境と天然資源の保護・管理については、憲法第118条および民族区域自治法第27条、第28条、第45条、第46条で規定されているように、自治地域の政府の権限は限定されている。国家が民族自治地域の権益を十分考慮することになっているのだ。民族区域自治法第27条では、森林や草原を保護し、拡大していくことの重要性が認められている。また、地方当局が開発する権利がある天然資源の採掘と利用については、合理的に行うことが最優先事項とされている。しかし、それは、国家計画と法規制の範囲内のみのことである。憲法第9条で謳われているように、これらのことは国家の責任なのだ。

　天然資源の開発、税、歳入は、土地所有が前提である。しかし、憲法で謳われている自治の原則はこの方向には向いていない。チベット人は、鉱物、水、森、山、草原などの天然資源の使用に関する意思決定に関与できず、自身の運命を自分で決めることができない。重要なのは、自治地域に暮らす民族だけが、国家所有地以外の土地に移転したり、貸し出したりする法的権限を持てるようにすることだ。同時に、国家計画とともに、自治地域が、開発計画を策定・実施できる独立した権限を持てるようにしなければならない。

7. 経済発展と貿易

　憲法第118条及び民族区域自治法第25条で謳われているように、自治地域当局は、当地の特徴やニーズに即して経済発展させる重要な役割を担っている。憲法第117条、民族区域自治法第32条では、財政の管理における自治も謳われている。同時に、憲法第122条および民族区域自治法第22条では、開発を加速するために、自治地域に対し、国家による財政支援・援助が重要であることも認められている。

また、民族区域自治法第31条では、外国と接している自治地域が、海外と貿易を行う上で重要だと認められている。この原則は、文化・宗教・民族・経済的な類似点を持つ外国地域と接するチベットにとって重要である。チベットは、中国の中で最も経済的に遅れている地域の１つであり、経済発展は歓迎すべきである。しかし、中央政府や他の省からの支援は一時的な恩恵しかもたらさず、長い目で見ると、チベット人が経済的に独立できず、有害である。経済的に自立できることがチベットの自治の重要な目的である。

8. 公衆衛生

　憲法第21条には、国家が健康・医療サービスを提供すると謳われている。また、第119条には、自治地域にもこの責任があることが謳われている。民族区域自治法第40条には、自治地域政府が、当地の医療・健康サービスを向上させ、現代医療および民族の伝統医療を進展させるため、独立した計画を策定する権利が認められている。上記の法の原則を考慮すると、地方自治政府が全チベット人の健康のニーズをカバーするだけの能力とリソースを持っている必要がある。また、伝統的な習慣に則ってチベット医学、占星術を進歩させていく能力も持つ必要がある。しかしながら、現在の医療システムでは、地方のチベット人のニーズを十分カバーできない。

9. 治安維持

　自治政府にとって、自治地域内の公共の秩序と安全は、重要な責務である。憲法第120条、民族区域自治法第24条では、「国軍、実用的なニーズ、国務院の承認」の範囲内で、自治政府が治安維持に関与し、組織していくことの重要性が謳われている。しかし、治安部隊の大部分は当地の民族から構成されるのが重要だ。当地の人間は、当地の習慣、伝統を理解、尊重するからだ。しかし、チベットでは、チベット人の役人の手で意思決定されることはない。

10.　移民規制

　民族自治と自治政府の根本目的は、民族のアイデンティティ・文化・言語の保存と、自民族の問題に責任を持たせることである。特定の地域に特定の民族が密集してコミュニティを形成している場合、他民族が大規模流入してくれば、この原則は損なわれる。漢人などの民族の大量流入・定住が認められ、奨励された場合は、これが現実となる。大量移民による人口変動は、チベット人と漢人の統合ではなく、同化につながる。また、漢人などがチベットに大量流入した場合、自治の条件も根本から変わってしまう。憲法が規定する自治は、少数民族が「小規模なコミュニティ」に暮らしている場合が基準となる。移民・定住が際限なく続けば、チベット人は小規模なコミュニティに住んでいることにはならず、民族自治の権利を失ってしまう。これは、民族問題に対する憲法の原則を大きく損なうものである。

　かつて、中国で、移民や居住を規制していたことがある。また、わずかではあるが、移民をコントロールするための権限が自治政府に与えられていたことがある。自治の原則を守るために、中国の他の地域に暮らす人々がチベットへ移民・定住・就業・経済活動を行うことを規制する権限が重要だ。これは、チベットで生まれ、チベットで長く生きてきた非チベット人をもチベットから永久追放することを意味しているのではない。私たちが懸念しているのは、漢人を含む他民族のチベットへの新たな大量移入の結果、既存のコミュニティがひっくり返され、チベット人が周辺部に追いやられ、脆弱な自然環境が危機に瀕することである。

11.　外国との文化・教育・宗教交流

　チベット人が、他の民族・省・その他の地域、さらには外国と交流・協調することの重要性は、民族区域自治法第42条で謳われている。憲法でも民族区域自治法でも、これらのニーズを尊重することが認められている。

■ 中道政策の影響と支持

　中道政策の採択により、ダライ・ラマが中国指導部と直接やり取りをすることが可能になった。直接のやり取りは1979年に始まり、1979～1985年にダライ・ラマは事実調査団を４度チベット全土に送り、北京で中国の指導部と会談することができた。さらに、1982年と1984年の２度、北京で中国指導部と予備的協議を行うための使節が派遣された。その後、2002年～2010年にかけて、ダライ・ラマ特使は中国特使と９度の円卓会議と１度の非公式会合を行った。

　事実調査団、予備的協議、直接会合では、チベット問題の解決には至らなかった。しかし、これによりチベットの実際の状況を見ることができ、中国政府の立場を理解することもできた。さらに、中国側が持つ、覇権に関する差し迫った懸念をダライ・ラマとチベット人がどのように解決しようと考えているのかを、明確に説明することができた。中国の指導者に問題を解決する意思があれば、ダライ・ラマとチベット人が目指しているものを理解できるだろう。

　チベット本土にも中道政策を支持する著名人がいる。中道政策への支持を公然と表明したパンチェン・ラマ10世、ンガポ・ンガワン・ジグメ、バパ・プンツォク・ワンギャル、ドルジェ・ツェテン、センゲ・イエシ、タシ・ツェリン、ヤンリン・ドルジェなどの指導者だ。

　中国内外で、中道政策への支持が広まっている。ノーベル平和賞を受賞した劉暁波もその一人である。劉暁波は、ダライ・ラマの平和的リーダーシップを支持する2008年の公開書簡の共著者となった。それ以降、チベット問題を解決するための手段として対話を支持する中国人学者や作家が1000以上の記事や意見書を記している。中道政策を支持している中国人知識人には、王力雄（著名な作家）、張博樹（中国社会科学院の研究員で憲法専門家）、由雲飛（四川

文学期刊）、于浩成（中国共産党上級党員で北京在住の法律専門家）、蘇紹智（元中国社会科学院経済学者）、厳家其（趙紫陽前中国共産党総書記の側近）らがいる。市民社会組織も中国指導部に対し、チベット政策の見直しと対話の再開を求めている。北京の市民社会組織「公盟法律研究所」は、チベット人の苦難を訴え、中国政府の政策見直しを求めた。2012年には、15か国の82の市民社会組織が、国連、EU、様々な議会、政府に対し、「中国政府に対しできるだけ早期の交渉開始を促す」よう求めた。

　中道政策への支持が国際的に広がる中、多くの政府が、中国指導部との対話の中で、チベット問題を取り上げ、解決を目指したアプローチを支持するようになった。中道政策に国際的な支持が集まるのは、中道政策が現在のチベットの状況を解決する最も実現可能な方法であるからだ。

　ジミー・カーター、ジョージ H.W.ブッシュ、ビル・クリントン、ジョージ W.ブッシュ、バラク・オバマの各アメリカ大統領は、チベット問題解決のために中国政府との対話を目指すダライ・ラマのリーダーシップを支持してきた。オバマとダライ・ラマの対談後、ホワイトハウスは声明を出し、ダライ・ラマの非暴力・中国政府との対話・中道政策を追求する姿勢を称賛した。オバマは、チベットと中国が長きにわたる相違を埋めるための直接対話を行うことを求め、ダライ・ラマの中道政策への支持を表明した。

　この他にも、世界の著名な指導者が中道政策に基づく対話を支持している。その中には、ナビ・ピレイ（国連人権高等弁務官）、ドナルド・トゥスク（欧州理事会議長）、キャサリン・アシュトン（欧州連合外務・安全保障政策上級代表、欧州委員会副委員長）、ゴードン・ブラウン（英国首相）、ニコラス・サルコジ（フランス大統領）、アンジェラ・メルケル（ドイツ首相）、スティーヴン・ハーパー（カナダ首相）、トニー・アボット（オーストラリア首相）、ケビン・ラッド（オーストラリア首相）、馬英九（中華民国総統）らがいる。

さらには、アメリカ、イギリス、フランス、ドイツ、オーストラリア、ニュージーランドなどの議員や政府も中道政策への支持を表明している。この数年間だけでも、中道政策を支持する宣言、決議が、アメリカ、EU、フランス、イタリア、日本、オーストラリア、ブラジル、ルクセンブルクなどで可決されている。

　ノーベル平和賞受賞者も中道政策を支持している。その中には、デズモンド・ツツ（南アフリカ）、エリー・ヴィーゼル（アメリカ）、ジョディ・ウィリアムズ（アメリカ）、レイマ・ボウィ（リベリア）、レフ・ワレサ（ポーランド）、シーリーン・エバーディー（イラン）、リゴベルタ・メンチュウタム（グアテマラ）、ジョゼ・ラモスホルタ（東ティモール）、アドルフォ・ペレス・エスキベル（アルゼンチン）、マイレッド・コリガン・マグワイア（アイルランド）、ベティ・ウィリアムズ（イギリス）らがいる。

　2012年、ノーベル平和賞受賞者が連名で中国の胡錦涛国家主席に公開書簡を送っている。

　チベットの人たちは彼らの声が届くことを望んでいます。

　彼らが長きにわたり望んでいるのは意義ある自治です。

　その目的を達成するための手段として彼らが選んだのは、
対話と友好的な支援です。

　中国政府のみなさまには、
チベット人の声に耳を傾け、彼らの苦難を理解し、
非暴力の解決策を模索していただければと思います。

　その非暴力の解決策を、
私たちの盟友ダライ・ラマ法王が提唱しています。

ダライ・ラマ法王はチベットの分離独立は望んでいませんし、
これまで常に平和的な道を歩んでこられました。

中国政府のみなさまには、ダライ・ラマ法王が提唱する
意義ある対話を行っていただくことを望みます。

いったん対話が始まったら、
そのチャンネルは維持され、活発、そして、生産的になるはずです。

対話を行うことで、チベット人の尊厳・中国の統一が尊重され、
現在の緊張状態が解決されていきます。

　本書で述べてきたように、チベットは歴史上中国の一部ではなかった。しか
し、私たちが今求めているのはチベットの高度な自治を求める中道政策だ。中
道政策が、長きにわたる中国とチベットの問題に終止符を打つ。

参考文献

1　Central Tibetan Administration, "Fact Sheet on Tibetan Self-Immolation Protests in Tibet Since February 2009", http://tibet.net/important-issues/factsheet-immolation-2011-2018/

2　International Campaign for Tibet, "Tibetan Survivors of Self-Immolation: Repression and Disappearance", March 19, 2015, http://www.savetibet.org/newsroom/tibetan-survivors-of-self-immolation-repression-and-disappearance/

3　Sarah Cook, "The Battle for China's Spirit: Religious Revival, Repression, and Resistance under Xi Jinping", Freedom House, 2017, https://freedomhouse.org/sites/default/files/FH_ChinasSprit2016_FULL_FINAL_140pages_compressed.pdf

4　Central Tibetan Administration, "Fact Sheet on Tibetan Self-Immolation Protests in Tibet Since February 2009."

5　Ibid

6　Tibetan Centre for Human Rights and Democracy, "Self-Immolation Man Asked to Amputate His Legs", March 13, 2009, http://tchrd.org/self-immolated-man-asked-to-amputate-his-legs/

7　The US Congress, The Congressional Executive Commission on China, "Special Report: Tibetan Self-Immolation - Rising Frequency, Wider Spread, Greater Diversity", August 22, 2012, https://www.cecc.gov/publications/issue-papers/special-report-tibetan-self-immolation-rising-frequency-wider-spread

8　Tibet Policy Institute, Why Tibet is Burning..., (Dharamshala: TPI Publications, 2013), http://tibet.net/wp-content/uploads/2014/12/Why-Tibet-is-Burning...pdf.

9　David L. Snellgrove and Hugh Richardson, A Cultural History of Tibet, (Colorado: Shambhala. 1980)

10　"Storm in the Grasslands: Self-immolations in Tibet and Chinese Policy", International Campaign for Tibet, December, 2012, https://www.savetibet.org/wp-content/uploads/2013/06/storminthegrassland-FINAL-HR.pdf

11   Ibid

12   "Tibetan Man Self-Immolates in Amchok, Amdo", Voice of America, November 20, 2012,https://www.voatibetanenglish.com/a/1549512.html

13   Central Tibetan Administration, "3 More Tibetans Die of Self-Immolations, Toll Reaches 85", November 27, 2012, http://tibet.net/2012/11/two-more-tibetans-die-of-self-immolations-tollreaches-84/

14   "Tibetan Farmer Sets Himself on Fire in Protest Against Chinese Rule", The Guardian, October 26, 2012, https://www.theguardian.com/world/2012/oct/26/tibet-farmer-fire-protest

15   "Storm in the Grasslands", International Campaign for Tibet (2012)

16   Tania Branigan, "China Police Accuse Tibetan of Killing Wife Amid Latest 'Self-Immolation Protest'", The Guardian, March 19, 2013, https://www.theguardian.com/world/2013/mar/19/china-accuses-tibetan-self-immolation

17   "Tibetan Self-Immolators are Outcasts, Criminals and Mentally Ill, Claims China", The Guardian, March 7, 2012, https://www.theguardian.com/world/2012/mar/07/tibetan-immolators-outcasts-criminals-china

18   CECC, "Special Report: Tibetan Self-Immolation", (2012)

19   John Soboslai, "Violently Peaceful: Tibetan Self-immolation and the Problem of the Non/Violence Binary", Open Theology 1, no. 1 (2015) : 146–159, https://www.degruyter.com/downloadpdf/j/opth.2014.1.issue-1/opth-2015-0004/opth-2015-0004.pdf

20   "Acts of Significant Evil: The Criminalization of Tibetan Self-Immolations", International Campaign for Tibet, 2014, https://savetibet.de/fileadmin/user_upload/content/berichte/Acts-of-significant-evil-073114.pdf

21   "Monk in Tibet Sets Himself on Fire; Shot by Police During Protest", International Campaign for Tibet, February 27, 2009, https://www.savetibet.org/monk-in-tibet-sets-himself-on-fireshot-by-police-during-protest/

22   Central Tibetan Administration, "Tibetans Shot Trying to Reclaim Self-Immolator's Body", December 26, 2014, http://tibet.net/2014/12/tibetans-shot-trying-to-reclaim-self-immolators-body

23 Tsering Woeser, Tibet on Fire: Self-Immolations Against Chinese Rule, (London: Verso Books, 2016) , 47

24 Ibid., 51

25 Ibid., 80

26 Ibid., 82

27 Ibid

28 Ibid

29 "Annual Report 2014: Human Rights Situation in Tibet", Tibetan Centre for Human Rights and Democracy, 2015, 7, http://tchrd.org/annual-report-2014-human-rights-situation-in-tibet/

30 "China Announces Unprecedented Harsh Measures to Deter Self-Immolations in Tibet's Dzoege County", Tibetan Centre for Human Rights and Democracy, February 14, 2014, http://tchrd.org/china-announces-unprecedented-harsh-measures-to-deter-self-immolations-in-tibets-dzoege-county/

31 Ibid

32 "Dzoege County: 'Maintaining Harmony and Stability'", Tibet Watch, October 2013, http://www.tibetwatch.org/uploads/2/4/3/4/24348968/dzoege_county_thematic_report.pdf

33 "Tibetan Monk Jailed Five Years on Charges 'Related to Self-Immolation' Protest", Radio Free Asia, March 30, 2018, https://www.rfa.org/english/news/tibet/monk-03302018145246.html

34 Tenzin Dharpo, "5 Tibetans Arrested in Kardze After Self Immolation by Tibetan", Phayul, April 19, 2017, http://www.phayul.com/news/article.aspx?id=38940&t=1

35 Central Tibetan Administration, "China Sentences Tibetan to Death Over Self-Immolations", August 19, 2013, http://tibet.net/2013/08/china-sentences-tibetan-to-death-over-self-immolations/

36   "Tibetans Sentenced for 'Murder' at Show Trial to Discredit Self-Immolation Protests", Tibetan Centre for Human Rights and Democracy, February 1, 2013, http://tchrd.org/tibetans-sentenced-for-murder-at-show-trial-to-discredit-self-immolation-protests/

37   "China Detains Seven Tibetans in Yushul Over Self-Immolation Videos", Radio Free Asia, October 23, 2017, https://www.rfa.org/english/news/tibet/yushul-detentions-10232017164043.html

38   "Tibetan Monk Sentenced to 11 Yrs Term in Immolation Case", Tibetan Centre Human Rights and Democracy, August 29, 2011, http://tchrd.org/tibetan-monk-sentenced-to-11-yrs-termin-immolation-case/

39   "China: End Crackdown on Tibetan Monasteries", Human Rights Watch, October 12, 2011, https://www.hrw.org/news/2011/10/12/china-end-crackdown-tibetan-monasteries

40   Ibid

41   "China Sentences another 6 Tibetans over Self-Immolations", Xinhua, January 31, 2013, http://news.xinhuanet.com/english/china/2013-01/31/c_132142496.htm.; "Six Tibetans Sentenced up to 12 Years Over Self-Immolation", Tibetan Centre for Human Rights and Democracy, February 1, 2013, http://www.tchrd.org/2013/02/six-tibetans-sentenced-up-to-12-yrs-over-selfimmolation/

42   "Nine Tibetans Go on Trial Over Burning Protests", Radio Free Asia, February 28, 2013, http://www.rfa.org/english/news/tibet/court-02282013202705.html

43   "China Sentences Three Tibetans up to 15 Years for Self-Immolation 'Crimes'", Phayul, March 2, 2013, http://www.phayul.com/news/article.aspx?id=33116

44   "Two Monks Sentenced to 3 Years in Prison for Holding Prayers for Self-Immolator", Tibetan Centre for Human Rights and Democracy, June 5, 2013, http://www.tchrd.org/2013/06/two-monks-sentenced-to-3-yrs-in-prison-for-holding-prayers-for-self-immolator/.

45   "Two Monks Imprisoned for Three Years After Prayers for a Tibetan Self-Immolator", International Campaign for Tibet, June 5, 2013, https://www.savetibet.org/two-monks-imprisonedfor-three-years-after-prayers-for-a-tibetan-self-immolator/

46   "Tibetan Writer Sentenced to 5 Yrs in Prison for Writing Book on Self-Immolation", Tibetan Centre for Human Rights and Democracy, May 21, 2013, http://tchrd.org/tibetan-writersentenced-to-5-yrs-in-prison-for-writing-book-on-self-immolation/

47   "Tibetan Handed 10-Year for Supporting Self-Immolation", Radio Free Asia, October 10, 2013, https://www.rfa.org/english/news/tibet/term-10102013140812.html

48   "Two Tibetan Monks Linked to Self-Immolation are Sentenced in a Secret Trial", Radio Free Asia, September 20, 2016, https://www.rfa.org/english/news/tibet/sentenced-09202016135125.html

49   "China: Stop Sentencing Tibetans for "Inciting" Immolations", Human Rights Watch, February 1, 2013, https://www.hrw.org/news/2013/02/01/china-stop-sentencing-tibetans-inciting-Immolations

50   US State Department, "China: 2012 Human Rights Report," 2013, https://www.state.gov/ documents/organization/204405.pdf

51   Central Tibetan Administration, "UN Special Rapporteur Challenges China's Forced Resettlement Policy", May 7, 2012, http://tibet.net/2012/03/un-special-rapporteur-challenges-chinas-forced-resettlement-policy-in-tibet/

52   International Campaign for Tibet, "UN Rights Commissioner Makes Strong First Statement on Tibet, November 2, 2012, https://www.savetibet.org/un-rights-commissioner-makes-strongfirst-statement-on-tibet/

53   "Address Grievances of Tibetans in Tibet: UNHR asks China", The Tibet Post International, July 1, 2013, http://www.thetibetpost.com/en/news/3499

54   James P. McGovern and Frank R. Wolf, Members of US Congress, "Letter to Hillary Clinton, Secretary of State", August 13, 2012, https://mcgovern.house.gov/news/documentsingle.aspx?DocumentID=396454

55   Ibid

56   "China Opposes U.S. Resolution on Tibet Issue", XinhuaNet, April 28, 2018, http://www.xinhuanet.com/english/2018-04/28/c_137142349.htm

57   Legal Inquiry Committee on Tibet, International Commission of Jurists, "Tibet and the Chinese People's Republic" (Geneva: International Commission of Jurists, 1960) , 5, 6

58 Anne-Marie Blondeau and Katia Buffetrille, Eds., Authenticating Tibet: Answers to China's 100 Questions, (Berkeley: University of California Press, 2008)

59 Owen Lattimore, Studies in Frontier History Collected Papers 1928-1958 (Oxford: Oxford University Press, 1962)

60 Rockhill, W. W., "The Dalai Lamas of Lhasa and Their Relations with the Manchu Emperors of China. 1644-1908", T'oung Pao Second Series 11, no. 1 (1910) : 1-104, 37, http://www. jstor.org/stable/4526129

61 Ya Hanzhang, Biography of the Dalai Lama, Bhod ki Lo rGyus Rags Rims gYu Yi Phrengba 2, (1991) : 316 (Lhasa: Tibet Institute of Social Science, 1991)

62 Diary of Capt. O'Connor, September 4, 1903.

63 Sir Percy Sykes, Sir Mortimer Durand: A Biography (London: Cassell and Company, 1926) , 166

64 Huc P, Decouverte du Thibet, 1845-1846 – Les Bonnes Lectures (Le-Livre: Flammarion, 1933) , 50

65 Guomin Gongbao, January 6, 1913

66 Record of the Thirteenth Dalai Lama's communication, dated 15th day of the 4th Tibetan Month, Iron Horse Year, 1930

67 Tsung-lien Shen and Shen-chi Liu, Tibet and the Tibetans (Stanford, California: Stanford University Press, 1973) 62

68 Accounts and Papers, Cd, 1920 (1904) [Papers relating to Tibet, No. 66]

69 India. Ministry of External Affairs, Notes, Memoranda and Letters Exchanged and Agreements Signed Between the Governments of India and China: White Paper (New Delhi: Ministry of External Affairs, Govt. of India, 1959) , 39

70 Mao Tsetung, Selected Works of Mao Tsetung (Peking: Foreign Language Press, 1977) , Vo.5, 75.

71 Dalai Lama, My Land and My People (New York: Grand Central Publishing, 1962) , 133.

72 Ibid., 187.

73 Xizang Xingshi he Renwu Jiaoyu de Jiben Jiaocai, PLA Military District's Political Report, 1960

74 Article 55, UN Charter, http://www.un.org/en/sections/un-charter/chapter-ix/index.html

75 Department of Information and International Relations, Central Tibetan Administration, Tibet: Proving Truth from Facts (Dharamshala: Department of Information and International Relations, 1996) , http://tibet.net/1996/01/tibet-proving-truth-from-facts-1996/

76 A Survey of Tibet Autonomous Region, Tibet People's Publishing House, 1984

77 Work Report of the 11th PLA Division, 1952-1958

78 China Spring, June 1986

79 The Department of Information and International Relations, Central Tibetan Administration, The Panchen Lama Speaks (Dharamshala: Department of Information and International Relations, Central Tibetan Administration, 1991) , 12

80 Ibid., 12

81 Xizang Xingshi he Renwu Jiaoyu de Jiben Jiaocai, PLA Military District's Political Report, 1960

82 Bskal-Bzan-Tshe, A Poisoned Arrow: The Secret report of the 10th Panchen Lama (London: Tibet Information Network, 1997) . The book includes full text of 70,000 character petition submitted by the 10th Panchen Lama to Mao Zethong and Zhou Enlai in 1962

83 Department of Information and International Relations, Central Tibetan Administration, Tibet: Proving Truth from Facts (1996)

84 Ronald D.Schwartz, Circle of Protest: Political Ritual In the Tibetan Uprising (Hurst & Company, London,1994)

85 Jane Macartney, "Detainee complains of beatings", UPI, July 20, 1988, https://www.upi.com/Archives/1988/07/20/Detainee-complains-of-beatings/5300585374400/

86   Ronald D.Schwartz, Circle of Protest: Political Ritual In the Tibetan Uprising (London: Hurst & Company, 1994) , 81

87   Tang Daxian, Events in Lhasa, March 2nd-10th 1980, (London: TIN, 1990)

88   "Amnesty International Report 1991", Amnesty International, 1992, 64.

89   Tsering Woeser, "Tibet Updates 2: April 2 -16, 2008", https://chinadigitaltimes. net/2008/04/tibet-update-2/

90   Department of Information and International Relations, Central Tibetan Administration, 2008 Uprising in Tibet: Chronology and Analysis, (Dharamshala: Department of Information and International Relations, 2010) , 167

91   Tibetan Centre for Human Rights and Democracy, Human Rights in Tibet Annual Report 2008 (Dharamshala: Tibetan Centre for Human Rights and Democracy, 2009) , 5

92   "'Eighty killed' in Tibetan unrest", BBC, 16 March 2008, http://news.bbc. co.uk/2/hi/asia-pacific/7299212.stm

93   Tibetan Centre for Human Rights and Democracy, "Pictures of Tibetans shot dead by Chinese armed police on 3 April 2008", Phayul, April 17, 2008, http:// www.phayul.com/news/article.aspx?id=20724&t=1

94   "Photographic Evidence of the Bloody Crackdown on Peaceful Protesting Tibetans at Ngaba County, Sichuan Province, on 16 March 2008", Tibetan Centre for Human Rights and Democracy, Press Release

95   "Middle School Student Shot Dead in Ngaba County, Sichuan Province, on 16 March 2008", Tibetan Centre for Human Rights and Democracy, March 20, 2008, http://tchrd.org/middle-school-student-shot-dead-in-ngaba-county/

96   "Relentless: Detention and Prosecution of Tibetans under China's 'Stability Maintenance' Campaign", Human Rights Watch, May 22, 2016, https://www. hrw.org/report/2016/05/22/relentless/detention-and-prosecution-tibetans-under-chinas-stability-maintenance

97   "Village Leader Among 31 Tibetans Detained for Opposing Mining at Sacred Mountain", Tibetan Centre for Human Rights and Democracy, May 14, 2018, http://tchrd.org/village-leaderamong-31-tibetans-detained-for-opposing-mining-at-sacred-mountain/

98 "Tibetan Pilgrim Disappears After Chinese Police Interrogation on Her Way to Lhasa", Radio Free Asia, April 13, 2018, https://www.rfa.org/english/news/tibet/pilgrim-missing-04132018160220.html

99 U.S. Department of State, "Commemorating the Birthday of the Disappeared Panchen Lama", April, 26, 2018, https://www.state.gov/r/pa/prs/ps/2018/04/281248.htm

100 Ibid

101 Central Tibetan Administration, "Chinese-Appointed 'Delegation' from Tibet Fails to Confirm Panchen Lama's Whereabouts, Denies Access", May 12, 2018, http://tibet.net/2018/05/chinese-appointed-delegation-from-tibet-fails-to-confirm-panchen-lamas-whereabouts-denies-access/

102 "China: Tibetan activist handed grotesquely unjust 5 year prison sentence after featuring in New York Times video", Amnesty International, 22 May, 2018, https://www.amnesty.org/en/latest/news/2018/05/china-tibetan-activist-unjust-sentence-nyt-video/

103 United Nations Human Rights Office of the High Commissioner, "China: UN Human Rights Experts Condemn 5-year Jail Term for Tibetan Activist", June 1, 2018, https://www.ohchr.org/EN/NewsEvents/Pages/DisplayNews.aspx?NewsID=23176

104 Mickey Spiegel, "Trials of a Tibetan Monk: The Case of Tenzin Delek", Human Rights Watch, February 8, 2004, https://www.hrw.org/report/2004/02/08/trials-tibetan-monk/case-tenzindelek

105 Sophie Richardson, ed., "'I Saw it With My Own Eyes', Abuses by Chinese Security Forces in Tibet, 2008- 2010", Human Rights Watch, July 21, 2010, https://www.hrw.org/report/2010/07/21/i-saw-it-my-own-eyes/abuses-chinese-security-forces-tibet-2008-2010

106 Ibid

107 Tsering Woeser, "'Brainwashed' in Lhasa After Attending Buddhist Teachings in India", High Peaks and Pure Earth, May 28, 2012, https://highpeakspureearth.com/2012/brainwashed-in-lhasa-after-attending-buddhist-teachings-in-india-by-woeser/

108   "One Passport, Two Systems ¦ China's Restrictions on Foreign Travel by Tibetans and Others", Human Rights Watch, July 13, 2015, https://www.hrw.org/report/2015/07/13/one-passport-two-systems/chinas-restrictions-foreign-travel-tibetans-and-others

109   Ibid

110   US Department of State, Bureau of Democracy, "Human Rights and Labor, Country Reports on Human Rights Practices for 2016 - China, Tibet, 2017", https://www.state.gov/j/drl/rls/hrrpt/2016humanrightsreport/index.htm?dynamic_load_% 20id=265330&year=2016#wrapper

111   Ibid

112   "Congressional-Executive Commission on China, Annual Report- 2017", October 5, 2017, https://www.cecc.gov/publications/annual-reports/2017-annual-report

113   Anil Giri and Sangam Prasain, "China Issues Travel Restriction to Nepal", Kathmandu Post, December 24, 2016, http://kathmandupost.ekantipur.com/news/2016-12-24/china-issues-travel-restriction-to-nepal.html

114   "Kalachakra Returnees Passports Torn at Airports in China", Voice of America, January 24, 2017, https://www.voatibetanenglish.com/a/3692184.html

115   US Department of State, "China (includes Tibet, Hong Kong, and Macau) 2017 International Religious Freedom Report", https://www.state.gov/documents/organization/281058.pdf. 122 "Freedom in the World 2018", Freedom House, https://freedomhouse.org/report/freedom-world/freedom-world-2018

116   Ibid

117   "China: Alarming New Surveillance, Security in Tibet", Human Rights Watch, May 20, 2013, https://www.hrw.org/news/2013/03/20/china-alarming-new-surveillance-security-tibet

118   Ibid

119   "China: No End to Tibet Surveillance Program", Human Rights Watch, January 18, 2016, https://www.hrw.org/news/2016/01/18/china-no-end-tibet-surveillance-program

120   Ibid

121 "Tibetan Social Media Draw Chinese Police Attention After Self-Immolations", Radio Free Asia, May 30, 2017, https://www.rfa.org/english/news/tibet/media-05302017150250.html

122 "Second Tibetan Jailed Over Dalai Lama WeChat Group", Radio Free Asia, July 26, 2016, https://www.rfa.org/english/news/tibet/second-07262016170418.html

123 US Department of State, Bureau of Democracy, Human Rights and Labor, "Country Reports on Human Rights Practices for 2016 - China, Tibet", https://www.state.gov/j/drl/rls/hrrpt/2016humanrightsreport/index.htm?dynamic_load_%20id=265330&year=2016#wrapper

124 "China: Still World's Biggest Prison for Journalists and Citizen-Journalists", Reporters Without Borders, June 2, 2017, https://rsf.org/en/news/china-still-worlds-biggest-prison-journalists-and-citizen-journalists.

125 Simon Denyer, "Tibet is Harder to Visit than North Korea. But I got in and Streamed Live on Facebook", Washington Post, September 16, 2016, https://www.washingtonpost.com/news/worldviews/wp/2016/09/16/in-tibet-the-door-cracks-opens-for-foreign-media-and-then-slamsshut-again/?utm_term=.93868bf93c9b

126 Convention on the Prevention and Punishment of the Crime of Genocide, UNGA Res. 260 (III) , 9 December 1948, in force in January 1951, 78 UNTS 277

127 Lemkin Raphael, Axis Rule In Occupied Europe: Occupation, Analysis Of Governments, Proposal for Redress, Publications of the Carnegie Endowment for International Peace, Division of International Law, Washington, (New York: Columbia University Press, 1944)

128 Truth and Reconciliation Commission of Canada, "Honouring the Truth, Reconciling for the Future," (Manitoba: Truth and Reconciliation Commission of Canada, 2015) , 1, http://www.trc.ca/websites/trcinstitution/File/2015/Findings/Exec_Summary_2015_05_31_web_o.pdf

129 Prosecutor v. Radislav Krstic, IT-98-33-T, Trial Chamber, ICTY, August 2, 2001, 574, 580 http://www.icty.org/x/cases/krstic/tjug/en/krs-tj010802e.pdf

130 Universal Declaration of Human Rights, UNGA Res. 217 (III) , 10 December 1948, Article 27

131 International Covenant on Economic, Social and Cultural Rights, UNGA Res. 2200 (XXI) , 16 December 1966, in force 3 January 1976, 993 UNTS, Articles 1 and 15

132 International Covenant on Civil and Political Rights, UNGA Res. 2200 (XXI) , 16 December 1966, in force 23 March 1976, 999 UNTS 171, Articles 1 and 27

133 The International Commission of Jurists, The Question of Tibet and the Rule of Law, (Geneva: International Commission of Jurists, 1959)

134 Legal Inquiry Committee on Tibet, (1960)

135 UN resolution no. 1354 (ivx) , 1959

136 UN resolution no. 1723 (ivx) , 1961

137 UN resolution no. 1354 (ivx) , 1965

138 Situation in Tibet. No. E/N.4/sub.2/91, 43 Session

139 International Commission of Jurists, Tibet: Human Rights and the Rule of Law, (Geneva: International Commission of Jurists, 1997

140 Ibid

141 Ibid

142 Central Tibetan Administration, "They would tell us 'The Sky Belongs to the Chinese Communist Party and so does the Earth': Larung Gar Resident Speaks", December 19, 2017, http://tibet.net/2017/12/they-would-tell-us-the-sky-belongs-to-the-chinese-communist-party-andso-does-the-earth-larung-gar-resident-speaks/

143 "Document Exposes Intensification of State-Sanctioned Religious Repression in Troubled Tibet Country", Tibetan Centre for Human Rights and Democracy, November 9, 2015, http://tchrd.org/document-exposes-intensification-of-state-sanctioned-religious-repression-in-troubled-tibetan-county/

144 Dus Rabs Gsar par Skyod Pa'i Gser Zam (A Golden Bridge Leading to a New Era) . A document issued after the Third Work Forum on Tibet which was held in Beijing from 20-23 July 1994

145 "China: Minority Exclusion, Marginalization and Rising Tension", Human Rights in China, 2007, 28-29

146 Edward Wong, "China's Money and Migrants Pour in Tibet", The New York Times, 24 July 2010, https://www.nytimes.com/2010/07/25/world/asia/25tibet.html

147 Department of Information and International Relations, Central Tibetan Administraton, Tibet Under Communist China: 50 Years, (Dharamshala: Department of Information and International Relations, 2001) 41

148 Article 7, State Religious Affairs Bureau Order No-Five, September 1, 2007

149 William Wan and Xu Yangjingjing, "China Promotes Mixed Marriages in Tibet as way to Achieve 'Unity'", The Washington Post, August 16, 2014, https://www.washingtonpost.com/world/asia_pacific/china-promotes-mixed-marriages-in-tibet-as-way-to-achieve-unity/2014/08/16/94409ca6-238e-11e4-86ca-6f03cbd15c1a_story.html?utm_term=.febb7c80d509

150 "Chinese Party Official Promotes Inter-Racial Marriages in Tibet to Create 'Unity'", International Campaign for Tibet, August 28, 2014, https://www.savetibet.org/chinese-party-official-promotes-inter-racial-marriages-in-tibet-to-create-unity/

151 伝統的なチベットの環境保護の詳細は下記の文献を参照されたい。
Jamyang Norbu, "Wildlife and Nature Conservatory in Old Tibet", Shadow Tibet,
December 6, 2009, www.shadowtibet.com. Julia Martrin, ed., Ecological Responsibility: A Dialogue with Buddhism: A Collection of Essays and Talks, (New Delhi: Tibet House and Sri Satguru Publications, 1997)

152 Brad Adams, "They Say We Should Be Grateful: Mass Rehousing and Relocation Programs in Tibetan Areas of China", Human Rights Watch, June 27, 2013, https://www.hrw.org/report/2013/06/27/they-say-we-should-be-grateful/mass-rehousing-and-relocation-programs-tibetan

153 Sophie Richardson, "'No One Has the Liberty to Refuse' Tibetan Herders Forcibly Relocated in Gansu, Qinghai, Sichuan, and the Tibet Autonomous Region", Human Rights Watch, June 2007 Volume 19, No. 8 (C) , https://www.hrw.org/reports/2007/tibet0607/

154 Ibid., 17

155 Ibid

156 Ibid., 3

157 Ibid., 3

158 Ibid., 57-64

159 Ibid., 49; also see, Wang Lixiong and Tsering Shakya, The Struggle for Tibet (London: Verso Books, 2009) , 160-168.; Jonathan Watts, "Fungus gold rush in Tibetan plateau rebuilding lives after earthquake", The Guardian, June 17, 2010, https://www.theguardian.com/environment/2010/jun/17/fungus-tibetan-plateau

160 Jonathan Watts, (2010)

161 Sophie Richardson (2007) , 64 -71

162 Ibid., 69

163 Human Rights Council, Nineteenth session, A/HRC/19/59/Add.1, https://www.ohchr.org/Documents/HRBodies/HRCouncil/RegularSession/Session19/A-HRC-19-59-Add1_en.pdf

164 Central Tibetan Administration, "UN Special Rapporteur Challenge China's Forced Resettlement Policy in Tibet", March 7, 2012, http://tibet.net/2012/03/un-special-rapporteur-challenges-chinas-forced-resettlement-policy-in-tibet/

165 for more see "Drokpa in Peril and Pastoral-Nomadism of Tibet: between Tradition and Modernization", Tibetan Bulletin, September-December 2000

166 Shichang Kang et al, "Review of Climate and Cryospheric Change in the Tibetan Plateau", Environmental Research Letters 5, no. 1 (2010) , 8, https://core.ac.uk/download/pdf/29577783.pdf

167 Tandon Yao et. Al., "Third Pole Environment", Environmental Development 3, (2012) : 52–64, https://pdfs.semanticscholar.org/6300/f2ba7cd4f6979e214f4b30af0fe2cce11538.pdf

168 Cui Xuefeng et al, "Climate Impacts of Anthropogenic Land Use Changes on the Tibetan Plateau", Global and Planetary Change, no. 56 (2006) : 33-56, https://pure.mpg.de/rest/items/item_994506/component/file_994505/content

169 Zhiwei Wu et al, "Can the Tibetan Plateau Snow Cover Influence the Interannual Variations of Eurasian Heat Wave Frequency?", Climate Dynamics 46, no. 1-12 (2016) : 3405-3417, https://link.springer.com/article/10.1007/s00382-015-2775-y

170 Yang Jian, "China's River Pollution 'a Threat to People's Lives'", English.people.cn, Febuary 17, 2012, http://en.people.cn/90882/7732438.html

171 "China's Water Crisis Part II- Water Facts at a Glance", China Water Crisis, March 2010, http://www.chinawaterrisk.org/wp-content/uploads/2011/06/Chinas-Water-Crisis-Part-2.pdf

172 Jane Qiu, "China: The Third Pole, Climate Change is Coming Fast and Furious to the Tibetan Plateau", Nature Journal 454, (2008) : 393-396, https://www.nature.com/news/2008/080723/full/454393a.html

173 Sichang Kang et al, "Dramatic Loss of Glacier Accumulation Area on the Tibetan Plateau Re- vealed by Ice Core Tritium and Mercury Records", The Cryosphere 9, 3 (2015) : 1213-1222, https://www.the-cryosphere.net/9/1213/2015/

174 Xu Baiqing of the Institute of Tibetan Plateau Research

175 Tandong (2007) , director of the Institute of Tibetan Plateau Research.; Also see, Timothy Gardner, "Tibetan Glacial Shrink to Cut Water Supply by 2050", Reuters, January 17, 2009, https://www.reuters.com/article/us-glaciers/tibetan-glacial-shrink-to-cut-watersupply-by-2050-idUSTRE50F76420090116

176 Environment and Development Desk, Central Tibetan Administration, The Impact of Climate Change on the Tibetan Plateau: A synthesis of Recent Science and Tibetan Research (Dharamshala: Department of Information and International Relations, 2009) , http://tibet.net/2009/01/climate-change-report-on-tibet-2009/

177 Kishan Khoday, "Climate Change and the Right to Development, Himalayan Glacial Melting and the Future of Development on the Tibetan Plateau", UNDP, May 7, 2007, https://www.researchgate.net/publication/241759387_Climate_Change_and_the_Right_to_Development_Himalayan_Glacial_Melting_and_the_Future_of_Development_on_the_Tibetan_Plateau

178 Ibid

179 The State Council Information Office of the People's Republic of China,
     White Papertitled "Tibet's Path of Development is Driven by an Irresistible
     Historical Tide", Xinhuanet, April15, 2015, http://www.xinhuanet.com/english/
     china/2015-04/15/c_134152612.htm

180 Danica M. Anderson et al, "Conserving the Sacred Medicine Mountains
     Vegetation Analysis of Tibetan Sacred Sites in Northern Yunnan", Biodiversity
     and Conservation 14, no. 13 (2005) :3065- 3091, https://link.springer.com/
     article/10.1007/s10531-004-0316-9.; also see, Salick, Jet al, "Tibetan Sacred
     Sites Conserve Old Growth Threes and Cover in the Eastern Himalaya",
     Biodiversity and Conservation 16, (2007) : 693, https://link.springer.com/
     article/10.1007/s10531-005-4381-5

181 "Tibet to Step up Exploitation of Mineral Resources", China Daily, March 13,
     2010, http://www.chinadaily.com.cn/china/2010-03/13/content_9584983.htm

182 Central Tibetan Administration, "Tibetan Parliament Condemns China's
     Repression on Mining Protest", August 22, 2013, http://tibet.net/2013/08/
     tibetan-parliament-condemns-chinas-repression-on-mining-protest/

183 "Yushu Mine Protest Crackdown Exposes China's 'Nature Reserve' Sham",
     Tibetan Centre for Human Rights and Democracy, August 24, 2013, http://
     tchrd.org/yushu-mine-protest-crackdown-exposes-chinas-nature-reserve-sham/

184 "Exposed: Coal Mining at the Source of China's Yellow River", Greenpeace,
     August 7, 2014, http://www.greenpeace.org/eastasia/news/blog/exposed-
     coal-mining-at-the-source-of-chinas-y/blog/50394/

185 "Fatal Tibet Landslide Caused by Natural Factors: Experts", English.people.cn,
     April 6, 2013, http://en.people.cn/90882/8195797.html

186 Environment and Development Desk, Central Tibetan Administration,
     "Assessment Report of the Recent Landslide Event in the Gyama Valley:
     Its Possible Cause and Impacts", April 9, 2013, http://tibet.net/2013/04/
     assessment-report-of-the-recent-landslide-event-in-the-gyamavalley/

187 Ibid

188 Yeshi Dorje, "Chinese Police Clamp Down on Tibetan Mining Protest", Voice
     of America, May 6, 2016, https://www.voanews.com/a/chinese-police-clamp-
     down-tibetan-mining-protest/3319093.html

189 Yeshi Choesang, "Tibetans Protest Against Chinese Mining in Minyak County, Tibet", The Tibet Post International, May 6, 2016, http://www.thetibetpost. com/en/news/tibet/4998-tibetans-protest-against-chinese-mining-in-minyak-county-tibet

190 Huang X et al, "Environmental Impact of Mining Activities on the Surface Water Quality in Tibet: Gyama Valley, Science of The Total Environment 408, no. 19 (2010) : 4177-4184, https://www.sciencedirect.com/science/article/pii/ S0048969710004882?via% 3Dihub

191 "Villagers Protest in Tibet's Maldro Gongkar County Over Mine Pollution", Radio Free Asia, September 29, 2014, https://www.rfa.org/english/news/tibet/ pollution-09292014152011.html

192 Deng Qi-Dong et al, "Seismic Activities and Earthquake Potential in the Tibetan Plateau", Chinese Journal of Geophysics 57, no. 5 (2014) : 678-697, 2014, http://html.rhhz.net/Geophy_en/html/20140506.htm

193 "Press Release: Feverish Chinese Dam Building could Trigger Tsunami", Probe International, April 3, 2012, https://journal.probeinternational. org/2012/04/03/press-release-feverish-chinese-dam-building-could-trigger-tsunami/

194 Yang Yi, ed., "No Casualties from 2 Tibet Earthquakes", XinhuaNet, December 20, 2017, http://www.xinhuanet.com/english/2017-12/20/c_136839848.htm

195 Jane Qiu, "Chinese Data Hint at Trigger for Fatal Quake", Nature, September 10, 2014, https://www.nature.com/news/chinese-data-hint-at-trigger-for-fatal-quake-1.15883

196 "Historic Earthquakes, Assam – Tibet 1950 August 15", https://earthquake. usgs.gov/earthquakes/eventpage/official19500815140934_30/impact

197 "Preparations for Constructing Guoduo Hydropower Station Begin", China Tibet Online, November 30, 2009, http://chinatibet.people.com.cn/6827895. html

198 Cheodon, "Chengdu-Tibet Railway Line from Dartsedo to Nyngtri Construction will Begin next Year", China Tibet Online, November 9, 2016, http://tb.tibet. cn/2010news/xzxw/lyjt/201611/t20161109_4132682.html

199 Grace Mang, "No Need to Sacrifice Asia's Rivers to Power China's Development", China Water Risk, February 10, 2015, http://www. chinawaterrisk.org/opinions/china-no-need-to-sacrifice-rivers-for-power/

200 "China's Drive to Build Dams for Green Power Threatens Homes and Sacred Mountains", South China Morning Post, June 26, 2017, https://www.scmp.com/news/china/society/article/2099970/chinas-drive-build-dams-green-power-threatens-homes-and-sacred

201 "China: End Involuntary Rehousing, Relocation of Tibetans", Human Rights Watch, June 27, 2013, https://www.hrw.org/news/2013/06/27/china-end-involuntary-rehousing-relocation-tibetans

202 Fachun Du, "Ecological Resettlement of Tibetan Herders in the Sanjiangyuan: A Case Study In Madoi County of Qinghai", Nomadic Peoples 16, no.1 (2012) : 116-133

203 "Massive and Mysterious Ice Avalanche in Tibet", Earth Observatory, September 7, 2016. https://earthobservatory.nasa.gov/IOTD/view.php?id=88677.; see also, "A Second Massive IceAva- lanche in Tibet", NASA, https://visibleearth.nasa.gov/view.php?id=88953

204 Zamlha Tempa Gyaltsen, "Natural Disasters in Tibet: Is it the New Normal?", Tibet Policy Institute, August 8, 2016, https://tibetpolicy.net/comments-briefs/natural-disasters-in-tibet-is-itthe-new-normal/

205 "Report on Scientific Assessment of Environmental Changes in Tibet Plateau", Chinese Academy of Sciences, November 18, 2015, http://www.cas.cn/yw/201511/t20151117_4465636.shtml#rdss

206 Ibid

207 "China Issues White Paper on Tibet," China Daily, September 6, 2015, http://usa.chinadaily.com.cn/china/2015-09/06/content_21796167.htm

208 "Tibet's GDP Increased by 281 Times in 50 Years: White Paper", Xinhua net, September 6, 2015, http://www.xinhuanet.com/english/2015-09/06/c_134593930.htm

209 "Tibet Reports Robust GDP Growth in H1", China Daily, July 29, 2017, http://www.chinadaily.com.cn/china/2017-07/29/content_30288305.htm

210 See Anne-Marie Blondeau and Katia Buffetrille, eds., "Population", Authenticating Tibet: Answers to China's One-Hundred Questions (Berkeley: University of California Press, 2008) 133-158.; also see, Xiawei Zang, Ethnicity in China: A Critical Introduction (China Today) (Cambridge: Polity, 2015)

211 Wang Lixiong and Tsering Shakya, The Struggle for Tibet (London: Verso Books, 2009)

212 Dawa Norbu, "Changes in Tibet Economy: 1959-76", China Report 24, no.3 (1988): 221-236

213 Dawa Norbu, "Economic Policy and Practice in Contemporary Tibet", Barry Sautman and June Teufel Dreyer (eds.), Contemporary Tibet: Politics, Development and Society in Disputed Region, (Abington: Routledge, 2006) 157

214 Ibid., 66

215 Dawa Norbu, China's Tibet Policy (Hove: Psychology Press, 2001) 347

216 Ibid

217 June Teufel Dreyer, China's Political System: Modernization and Tradition (Harlow: Longman, 2005).

218 Elizabeth Freund Larus, Politics and Society in Contemporary China (Colorado: Lynne Rienner Publishers, 2012) 229.; Allen Carlson, Beijng Tibet's Policy: Securing Sovereignty and Legitimacy (Washington: East West Centre, 2004)

219 Yeh Emily T., Taming Tibet: Landscape Transformation and the Gift of Chinese Development (Ithaca & London: Cornell University Press, 2013)

220 Ma Rong, Population and Society in Contemporary Tibet (Hong Kong: Hong Kong University Press, 2011)

221 Warren W. Smith Jr., China's Tibet?: Autonomy or Assimilation (Lanham: Rowman & Littlefield, 2009)

222 Jin Wei, "Tibet as Recipient of Assistance and its Sustainable Development", China Policy Institute Policy Paper, no.9 (2015), https://www.nottingham. ac.uk/iaps/documents/cpi/policy-papers/cpi-policy-paper-2015-no-9-jin-wei-final-051015.pdf

223 See various white papers published by the Chinese government, which gives same arguments relating to the policy

224 Dawa Norbu, "Economic Policy and Practice in Contemporary Tibet", Contemporary Tibet: Politics, Development and Society in Disputed Region, Barry Sautman and June Teufel Dreyer (eds), (Abington: Routledge, 2006) 157

225 Jin Wei (2015)

226 June Teufel Dreyer (2005)

227 Dreyer 2005, Department of Information and International Relations, Central Tibetan Administraton, Tibet Under Communist China: 50 Years (Dharamshala: Department of Information and International Relations, 2001) 41

228 Luo Li, The Economy of Tibet: Transformation from a Traditional to a Modern Economy (Beijing: Foreign Language Press, 2008)

229 Huang, Yasheng, "China's Cadre Transfer Policy towards Tibet in the 1980s", Modern China 21, no. 2 (1995): 184-204

230 Ibid

231 Ma Rong, Population and Society in Contemporary Tibet (Hong Kong: Hong Kong University Press, 2011)

232 Bo Zhiyue, "China's Elite Politics: Governance and Democratisation", The China Journal, no. 68 (2012): 207-209

233 See B. Pitman Potter, Law, Policy, and Practice on China's Periphery; Selective adaption and Institutional Capacity (London: Routledge Contemporary China Series, 2011).; Robert Barnett, "Restrictions and Their Anomalies: The Third Forum and the Regulation of Religion in Tibet", Current Chinese Affairs 41, no. 4 (2012): 45-107

234 B. Pitman Potter (2011), 124

235 See June Teufel Dreyer (2005), B. Pitman Potter (2011), Robert Barnett (2012)

236 Goldstein, 1997, Dus Rabs Gsar par Skyod Pa'i Gser Zam (A Golden Bridge Leading to a New Era). A document issued after the "Third Work Forum on Tibet" which was held in Beijing from 20-23 July 1994

237 See Fishcer (2001). In a detailed analysis of Tibetan participation in each sectors. It is worth- while looking into the same trend found in the secondary sector

238 National Bureau of Statistics of China, China Statistical Yearbook 2016, http://www.stats.gov.cn/tjsj/ndsj/2016/indexeh.htm

239 Tibet Information Network, "Tibetans lose ground in public sector employment in the TAR: Streamlining Effectively Discriminates against Tibetans", January 22, 2005

240 Jin Wei (2015)

241 China Council for International Cooperation on Environment and Development, "Strategy and Policies on Environment and Development in Western China", Policy Research Report on Environment and Development: Regional Balance and Green Development, 2012, https://www.iisd.org/pdf/2013/CCICED_annual_report.pdf

242 National Development And Reform Commission, Report on the Implementation of the 2015 Plan for National Economic and Social Development and on the 2016 Draft Plan for National Economic and Social Development, Delivered at the Fourth Session of the Twelfth National People's Congress on March 5, 2016, 41, http://online.wsj.com/public/resources/documents/NPC2016_NDRC_English.pdf

243 Ibid

244 Ibid

245 Li Wenjun and Kongpo Tsering (Gongbozuren), "Pastoralism: The custodian of China's Grass-Lands", International Institute of Environment & Development, 2013, http://pubs.iied.org/pdfs/10042IIED.pdf.; Yanbo Li, Gongbuzeren and Wenjun Li, "A Review Of China's Rangeland Management Policies", International Institute of Environment & Development, 2014, http://pubs.iied.org/pdfs/10079IIED.pdf.; Julia A. Klein, John Harte, and Xin-Quan Zhao, "Experimental Warming, Not Grazing, Decreases Rangeland Quality On The Tibetan Plateau", Ecological Applications 17, no. 2 (2007): 541–557, https://esajournals.onlinelibrary.wiley.com/doi/epdf/10.1890/05-0685.; Julia A. Klein, John Harte and Xin-Quan Zhao, "Decline in Medicinal and Forage Species with Warming is Mediated by Plant Traits on the Tibetan Plateau", Ecosystems 11, no. 5(2008): 775–789

246 "China to Build Second Railway Linking Tibet with Inland", XinhuaNet, March 7, 2016, http://www.xinhuanet.com/english/2016-03/05/c_135157349.htm

247 Ma Rong, "Economic Patterns, Migration and Ethnic Relationships in the Tibetan Autonomous Region, China", Population, Ethnicity and Nation-Building, Calvin Goldscheider ed. (Boulder: Westview Press, 1995)

248 Ma Rong, Population and Society in Contemporary Tibet, (Hong Kong: Hong Kong University Press, 2011): 180-183

249 Julia A. Klein, Maria E. Fernandez-Gimenez and Han Wei et al., "A Participatory Framework for Building Resilient Social-Ecological Pastoral Systems", Restoring Community Connections to the Land: Building Resilience through Community-based Rangeland Management in China and Mongolia, (Wallingford: CABI, 2012)

250 Some of the most recent white papers on Tibet are: "Successful Practice of Regional Ethnic Autonomy in Tibet (September, 2015)", "Tibet Path of Development Driven by an Irresistible Historical Tide" (April, 2015) and "Development and Progress of Tibet" (2014), http://www.china.org.cn/e-white/

251 Dawa Norbu, "Chinese Strategic Thinking on Tibet and the Himalayan Region", Strategic Analysis 12, no.4 (1988): 374

252 Yeh Emily T. (2013)

253 Gerald Roche, Ben Hillman and James Leibold, "Why are so Many Tibetans Moving to Chinese Cities", China File, June 26, 2017, http://www.chinafile.com/reporting-opinion/viewpoint/why-are-so-many-tibetans-moving-chinese-cities

254 "New Developments in China's Tibet Policy as Communist Party's 19th Congress Begins", International Campaign for Tibet, October 17, 2017, https://www.savetibet.org/new-developments-in-chinas-tibet-policy-as-communist-partys-19th-congress-begins/

255 Wangyal Bawa Phuntsok, National Issue and Working on Nationalities, trans (Dharamshala: Khawa Karpo, 2013)

256 Department of Information and International Relations, Central Tibetan Administraton, Tibet Under Communist China: 50 Years (Dharamshala: Department of Information and International Relations, 2001) 45.

257 Legal Inquiry Committee on Tibet, International Commission of Jurists, Tibet and the Chinese People's Republic, (Geneva: International Commission of Jurists, 1960)

258 Qinghai Bureau of Statistics (QBS), Qinghai Statistical Yearbook 2003 (Beijing: China Statis- tical Press, 2003), table 3-3.

259 Goodman and David S. G., "Qinghai and the Emergence of the West: Nationalities, Communal Interaction and National Integration", The China Quarterly, no. 178 (2004): 379–99

260 Anders Højmark Andersen, New Majority: Chinese Population Transfer into Tibet, (London: Tibet Support Group, UK, 1995), 55.

261 Andrew Martin Fischer, "Urban Fault Lines in Shangri-La: Population and Economic Foundations of Inter-Ethnic Conflict in the Tibetan Areas of Western China", Crisis States Programme Working Papers, DESTIN Development Studies Institute (LSE), June 2004

262 Andrew Martin Fischer (2004)

263 Circular of the State Council's General Office on the Distribution of Suggestions on the Implementation of Policies and Measures Pertaining to the Development of the Western Region. Submitted by the Western Region Development Office of the State Council, September 29, 2001

264 "Beijing Reforms Hukou in Urbanisation Push", The Straits Times, September 22, 2016, https://www.straitstimes.com/asia/east-asia/beijing-finally-adopts-hukou-reforms

265 Tashi Nyima, "Development Discourses on the Tibetan Plateau: Urbanisation and Expropriation of Farmland in Dartsedo", Himalaya 30, no. 1(2011)

266 Xu Jun, "Challenges: Resettlement of Nomads in Qinghai Province", https://case.edu/affil/tibet/tibetanNomads/documents/Challenges-ResettlementofNomadsinQinghaiProvince.pdf. Thedetailed paper was presented at SLTP Conference, Leipzig, December 2-3, 2009

267 Shiyong Wang, "Towards a localized development approach in Tibetan areas of China", Asian Highlands Perspectives 28, (2013): 129-154

268 Tashi Nyima (2011)

269 Wu Qiang, "Urban Grid Management and Police State in China: A Brief Overview," China Change, August 12, 2014, https://chinachange.org/2013/08/08/the-urban-grid-management-andpolice-state-in-china-a-brief-overview/

270 Ibid

271 Ibid

272 Gabriel Lafitte, "Making sincerity mandatory: The China dream of perfect surveillance and correction of all citizen behavior", July 15, 2017, http://rukor.org/making-sincerity-mandatory/

273 "China: Alarming New Surveillance, Security in Tibet", Human Rights Watch, May 20, 2013, https://www.hrw.org/news/2013/03/20/china-alarming-new-surveillance-security-tibet

274 World Bank and the Development Research Center, the People's Republic of China, "China's Urbanization and Land: A Framework for Reform," Urban China: Toward Efficient, Inclusive, and Sustainable Urbanization, (Washington, DC: World Bank, 2014)

275 Tashi Nyima (2011), 79

276 World Bank and the Development Research Center, the People's Republic of China (2014)

277 "New Developments in China's Tibet Policy as Communist Party's 19th Congress Begins", International Campaign for Tibet, October 17, 2017, https://www.savetibet.org/new-developments-in-chinas-tibet-policy-as-communist-partys-19th-congress-begins/

278 B. Zhao, "How to address the problem of land-lost farmers?" Renminwang, December, 9, 2005, http://theory.people.com.cn/GB/40553/3929253.html

279 A Collection of Documents on the 13th Dalai Lama's Prayer Service and the 14th Dalai Lama's Enthronement, Chinese language, 134 (From here on A Collection of Documents on Prayer Service and Enthronement)
本章の参照・引用の多くは中国政府がバックについている中国チベット学研究センターのものである。同センターはしばしば資料を歪めることに気を付ける必要がある。例えば、1950年以前のチベット語で書かれたチベット政府の資料を中国の役人が中国語に翻訳したが、中国政府の考えに合うよう、重要な部分を変えている。

280 A Collection of Documents on Prayer Service and Enthronement, Chinese language, 135

281 Ibid., 140.

282 Ibid

283 Ibid., 146

284 Ibid., 150

285 Ibid., 158-159

286 Ibid., 160

287 Ibid., 188

288 Foreign Ministry's Document Archives, Tibetan Section, Volume V, Taiwan, Chinese Language, 205

289 A Collection of Documents on Prayer Service and Enthronement, 213

290 Ibid., 217

291 Ibid., 233- 234

292 Ibid., 238

293 A Report on the Conclusion of Tibet Assignment, Chinese language, 245

294 Wangchuk Deden Shakabpa, A Political History of Tibet, Vol.2, Tibetan language, 360-361

295 A Collection of Documents on Prayer Service and Enthronement, Chinese language pg 134

296 Ya Hanzhang, The Dalai Lama's Biography, Tibetan Language, 876

297 Ibid

298 A Collection of Documents on Prayer Service and Enthronement, 282- 286

299 A Report on the Conclusion of Tibet Assignment, Chinese language, 247

300 A Collection of Documents on Prayer Service and Enthronement, 287

301 Ya Hanzhang, The Dalai Lama's Biography, Tibetan Language, 877-878

302 A Collection of Documents on Prayer Service and Enthronement, 275- 276

303 Ibid., 156- 157

304 Tsepon Wangchuk Deden Shakabpa, One Hundred Thousand Moons – An Advanced Political History of Tibet (New York: HarperCollins, 1988) 885-886

305 Ibid., 888-889

306 Zhu-Shao Yi, An Eyewitness Account in Lhasa, Chinese Language, 77

307 Stephen McDonell, "China Accuses Dalai Lama of 'Profaning' Buddhism by Signalling End to Reincarnation", ABC News, March 10, 2015, http://www.abc.net.au/news/2015-03-10/china-attacks-dalai-lama-over-bid-to-cease-reincarnation/6296420

308 Ranjit S. Kalha, "The Politics of Reincarnation Will Be the Next Crisis in Sino-Indian Relations", The Wire, April 14, 2017, https://thewire.in/external-affairs/dalai-lama-china-india-tibet

309 "Dalai Lama Challenges CPC: Find Mao's Reincarnation and You Can Choose My Successor", Asia News, May 13, 2016, http://www.asianews.it/news-en/Dalai-Lama-challenges-CPC:-Find-Mao%E2%80%99s-reincarnation-and-you-can-choose-my-successor-37487.html

310 Dalai Lama, "Reincarnation", https://www.dalailama.com/the-dalai-lama/biography-and-daily-life/reincarnation

311 Central Tibetan Administration, "Memorandum on Genuine Autonomy for the Tibetan People", http://tibet.net/important-issues/sino-tibetan-dialogue/memorandum-on-geniune-autonomy-for-the-tibetan-people/.

訳者あとがき

　チベット難民が暮らすインドのダラムサラを毎年訪ねるようになってから10年がたつ。この間、色々な人に会い、証言を聞いた。彼らは、ダライ・ラマ法王から、「証言をするときは、ありのままを話しなさい。決して誇張してはならない。」と言われているのだという。

　そのようなダライ・ラマ法王の教えのためか、本書はチベット側の主張をまとめたものにもかかわらず、チベットに過度に肩入れしていると思われる箇所はない。事実に忠実に基づいて書かれている。本書の意義の一つは、21世紀の出来事についても網羅的に書かれている点だ。21世紀のチベットの出来事を包括的にまとめた書籍は世界的にも珍しい。これにより、本書は、今なおチベット人が苦しんでいるというメッセージになっている。

　本書の情報源の多くは、チベットに暮らすチベット人だ。しかし、彼らが世界に情報を届けるのは年々難しくなっている。焼身抗議などの大きなニュースがあれば、中国当局は、その地域の通信をただちに遮断する。海外に情報を送ると有罪になる。それでも、チベットから命懸けで情報を送ってくれる人がいる。そのような情報を私たちは決して無駄にしてはならない。

　中国政府は、チベット人が発信する情報を遮断する傍ら、中国政府の立場の情報を発信し、真実を歪めている。

例えば、本書106ページに登場するテンジン・デレク・リンポチェは、「ダライ・ラマ一味による扇動で、爆発事件を起こした」という罪を中国当局から着せられ、投獄された。当時、テンジン・デレク・リンポチェは、中国当局からの厳しい監視下にあった。そのような中で、爆発事件を引き起こすことはまず不可能と言っていい。動機もない。また、テンジン・デレク・リンポチェの家族が選任した弁護団による弁護は裁判所から拒否された。裁判所は、「テンジン・デレク・リンポチェが自分で弁護士を選任しており、本人が選任した弁護士が優先される。」と説明した。しかし、この「テンジン・デレク・リンポチェが選任した」とされる弁護士がそもそも実在したのか、きわめて疑わしい。そして、裁判は非公開で行われ、判決が下された。

　テンジン・デレク・リンポチェの死の状況もはなはだ不審である。後に亡命したテンジン・デレク・リンポチェの姪ニマ・ラモは、「遺体は唇も爪も真っ黒でした。あんな遺体は見たことがありません。自然死ではありません。毒殺の可能性が高いです。中立な国際機関に真実を調査してほしいです。」と涙ながらに語った。

　ニマ・ラモは、高齢の母親と当時6歳の娘をチベットに残して亡命した。「海外で証言をすると、チベットに残してきた家族に危害が加えられるのではないですか？」と尋ねると、「家族の問題は小さな問題です。大事なのは、叔父の真実です。叔父の真実を突き止めることが一番大事だと家族で決めたのです。」と

彼女は語った。チベット人が真実を伝えるには想像を絶するほどの困難が伴う。

　チベット人に話を聞いた後、決まって言われることがある。
「私たちの話を一人でも多くの人に伝えてください。」

　情報が氾濫するこの時代、多くの情報が手に入ると同時に、何が真実なのかが見えにくくなっている。このような時代に、真実が嘘に屈してはならない。真実を主張し続けばならない。読者のみなさまにも、チベットの真実を少しでも広めていただけると幸いである。

　最後に、原著をまとめてくださったチベット亡命政権ロブサン・センゲ首相および情報・国際関係省のみなさまに感謝を申し上げたい。危険を冒してチベットから情報を届けてくれているチベット人には心から敬意を表するとともに、情報を提供したことにより投獄されている方々の一日も早い釈放を願う。また、ダライ・ラマ法王日本代表部事務所ルントック代表には貴重な写真を提供していただいた。櫻井よしこ先生には、チベット・中国を取り巻く国際情勢を鋭く分析した素晴らしいご寄稿をいただいた。集広舎の川端幸夫社長には出版にあたって、様々なアイディアをいただいた。月ヶ瀬悠次郎氏には丁寧な原稿の確認・ルビ付けをしていただいた。ここに感謝の気持ちを表したい。

　チベット語で希望を意味する「レイワ」の時代に、世界が希望で溢れることを願いつつ。

令和2年5月

亀田　浩史

編・著： **チベット亡命政権**

1959年に亡命したダライ・ラマ法王14世がインドに樹立した政権。1960年から北インドのダラムサラに拠点を構える。

チベットの自由を求める政策を推進すると同時に、13万人にもおよぶチベット難民の福祉を守っている。

2011年、ダライ・ラマ法王14世は、民主的な選挙によって選ばれたロブサン・センゲ主席大臣（シキョン）に政治的権限を委譲した。政権は、チベットの独立は求めず、高度な自治を求める中道政策を推進している

翻訳： **亀田浩史**（かめだ・ひろふみ）　　　　難民支援NGO "Dream for Children" 代表

東京大学卒。東京大学大学院修士課程修了。元々は理系の研究者であったが、チベット難民が暮らすインドのダラムサラを訪ねた際にチベットの現状を知り、2010年に難民支援NGO "Dream for Children" を設立。

毎年ダラムサラを訪ね、英語・コンピュータの無償教育を実施。指導した生徒の数は二千人以上。また、高等教育を志向する難民には、給付型奨学金を支給。

教育支援の傍ら、難民への取材を行い、チベットの最新情報を発信している。チベット関連の著書1冊、訳書4冊。

日本語版監修： **ダライ・ラマ法王日本代表部事務所**（チベットハウス・ジャパン）

インド・ダラムサラにあるチベット亡命政権およびダライ・ラマ法王の日本・東アジアにおける唯一の公式代表機関。チベットハウスはダライ・ラマ法王日本代表部事務所文化部の別称。

チベットの情勢、国際状況、ダライ・ラマ法王の活動等の情報を提供するため、3カ月ごとの広報誌『チベット通信』の発行をはじめ、ホームページの作成、各種の広報文化活動を展開している。

本書掲載の写真はすべてダライ・ラマ法王日本代表部事務所の提供による。

集広舎のチベット関連書籍

ダライ・ラマ 声明 1961-2011

テンジン・ギャツォ（ダライ・ラマ十四世）（著）、小池 美和（訳）

四六判　350頁　並製　価格1,852円＋税

ダライ・ラマ十四世の半世紀にわたる
チベット民族平和蜂起記念日での全声明文と貴重な写真を収録。

ISBN:978-4-904213-53-7

ダライ・ラマ 英語スピーチ集
Be Optimistic! 楽観主義で行こう!

下山明子（編）

A5判　96頁　並製　価格1,204円＋税

ノーベル平和賞受賞記念スピーチ、東京、広島講演を含む
世界各地での英語名演説の生声CD収録と解説。

ISBN:978-4-904213-52-0

アジャ・リンポチェ回想録
モンゴル人チベット仏教指導者による
中国支配下四十八年の記録

アジャ・ロサン・トゥプテン（著）、ダライ・ラマ十四世（序）
三浦順子（監訳）、馬場裕之（訳）

A5判　514頁　並製　価格2,778円＋税

チベットにおける幼少での即位から覚悟の亡命までを語る波乱の半生記。

ISBN:978-4-904213-51-3

天空の聖域ラルンガル
東チベット宗教都市への旅

川田 進（著）

A5判　240頁　並製　価格2,200円＋税

幾多の激動を乗り越え、漢人（漢族）にも影響を与え始めた
"天空の聖地"の歴史と魅力を綴った労作!

ISBN:978-4-904213-73-5

チベットの焼身抗議
太陽を取り戻すために
中原一博（著）

A5判　264ページ　並製　価格2,200円＋税

今日もまた、愛する人びとが燃えていく──。
"ダライ・ラマの建築家"こと中原一博による渾身のレポート!

ISBN:978-4-904213-32-2

チベットの秘密
ツェリン・オーセル（著）、王　力雄（著）、劉　燕子（編訳）

四六判　上製　416頁　価格2,800円＋税

「野蛮」を照らし返す精神の輝き。
"一人のメディア"として創作と発信を続けてきた
チベット出身の女性詩人のエッセイ集。

ISBN:978-4-904213-17-9

Little Tibet リトル・チベット
伊勢祥延（写真・文）、上川泰憲（対談）、井本勝幸（対談）

B5判　並製　152頁　価格2,857円＋税

インドとネパールに居住するチベット難民たち。
祖国を離れてもなおチベット文化を守り継ぐ人々の
「望郷の思い」が粛々と伝わる写真集。

ISBN:978-4-904213-09-4

仏陀バンクの挑戦
バングラデシュ、貧困の村で立ち上がる日本人と仏教系先住民たち
伊勢祥延（著）、上川泰憲（監修）

四六判　404頁　並製　価格2,000円＋税

イスラム教国のなかの仏教系先住民による
マイクロクレジット支援事業の10年間を克明に描く。

ISBN:978-4-904213-91-9

チベットの主張
～チベットが中国の一部という歴史的根拠はない～

令和2年（2020年）7月6日　初版第1刷発行

編集	チベット亡命政権
日本語訳	亀田 浩史
発行者	川端 幸夫
発行	集広舎

〒812-0035 福岡市博多区中呉服町5番23号
電話 092‐271‐3767　FAX 092‐272‐2946
https://shukousha.com/

日本語版監修　　　　ダライ・ラマ法王日本代表部事務所

〒161-0031 東京都新宿区西落合3‐26‐1
電話 03‐5988‐3576
https://tibethouse.jp/

装幀・組版　　　　月ヶ瀬 悠次郎

印刷・製本　　　　モリモト印刷株式会社

©2020 Central Tibetan Administration. Printed in Japan
ISBN 978-4-904213-94-0 C0036